†復刊ライブラリー

風塵社

凡　例

＊イタリック体は傍点を付してある。

＊ゴチック体・隔字体はゴチックで表わしてある。

＊（　）は原著のものであり、〔　〕は訳者が言葉を補う場合に用いてある。

＊原註は各文節末に挿入してある。

本書は、1981年に鹿砦社から刊行された『赤軍の形成〔増補版〕ドキュメント赤軍史』（革命軍事論研究会編訳）を復刊したものである。これは、1972年に鹿砦社から刊行された『赤軍の形成』に、レーニン「軍事問題秘密会議における演説」を追加したものである。

復刊に際し、明らかな誤植は改め、一部の用語を現在的に変更した（ソヴェト→ソヴィエトなど）。

現代的な視点からは不適切な表現もあるが、時代性を考慮してそのままとしてある。


風塵社が本書を復刊することを快くご了承してくださった鹿砦社の松岡利康社長に、心からの謝辞を申し述べる。

赤軍の形成－目次

序

社会主義赤軍の創設

H・ベルクマン

〔一〕 帝国主義軍隊の瓦解

1 ツァーリ軍

あらゆる時代、あらゆる国で、軍は統治・支配階級の道具であって、支配階級の利害と利得とを守り防衛すべく定められている。これはいかなる闘争、いかなる敵が問題なのであろうとも、そのいかんを問わないのであって、外部の敵すなわち他の諸国家、あるいは内部の敵すなわち従属させられた被抑圧階級が問題であろうと、右の点に関しては、このことは不変である。ちょうど、軍隊の大砲・小銃・機関銃などなどが戦闘において道具の役を果たすのと同様に、軍隊自体が国家権力の闘争遂行手段である。国家権力は、自らを支えるためにも、国家権力の存立によって自分らの利益を保証されている住民層を支えるためにも、等しくこの手段を利用する。射撃手は、銃が操作しやすく、あまり重すぎない時、つまり、銃の各部品が正しく組み立てられ、銃床尾と銃床とが人間の肉体の体格・成長・体力に適合している場合にのみ、的を射つであろう。これと同様のことが軍隊の戦闘能力についても成り立っており、軍隊が果敢に闘い勝利を収めるのは、それが一国の精神に適合し、外部に対しても内部においても、あらゆる共同的関係と、そして、その時々の国家の全機構とを反映している場合に限られる。これに反して、軍隊の中に比較的重大な変化が生起し、しかも国家機構は以前のままである場合、あるいは逆に、国家機構が変化を遂げていて他方は不変のままである場合には、軍隊に混乱が生じるのは避けられず、軍隊は部分的あるいは全面的にその戦闘遂行力を喪失し、分解に直面する。とはいえ、通常、軍隊は一国と運命をともにするものである。
軍隊は一国の鏡である、とある偉大な軍指導者が述べたことがある。それでも、軍隊の構造が国家のそれに照応するだけでは十分ではない。一定の水準に達するためには、軍隊は目的意識的でなければならない。すなわち、何のために、いかなる目的で、いかなる利害・利得のために、殺害されたり負傷させられたり不具者になる危険を冒すのかを、どの兵士も判然・明瞭に識《し》っておらねばならない。また戦闘目的が現実に重要であって、生命を賭し、日々の労働、すなわち、工場や農耕地における日々の糧のための努力を中断し、家庭と家族とを見捨てることが、自分にとって、なすに値することである、との認識が必要である。しかるに、兵士への教化が徹底していなかったり、兵士にとって戦争目的が疎遠なものである場合には、当然彼は、不承不承自分の意志に反して、兵役につき戦いに赴く。彼がそうするのは、戦争を利益とする人間たちが、暴力をもって彼を強制するからであるにすぎない。どの帝国主義軍隊でも事情はかかるものであるが、ツァーリ軍隊においても同然であった。

革命前の帝制ロシアでは、他のブルジョア諸国と同様に、権力は抑圧・搾取階級のもとにあった。すなわち、貴族的大土地所有者、資本家的企業主、銀行支配主らの手中に権力は握られていた。人びとは、ツァーリと大土地所有者との恣意のもとに苦しみ、憲兵の革むち、コサックのむち、政治警察のもとで呻吟していた。ここでは、他の諸国におけるのと同様、富者と徒食者とは蛆のごとく脂ぎり、飽食して贅沢品に囲まれていた。勤労者は無権利であって、それどころか、重労働に従事せねばならず、いかなる収入源も持たず、しかも、租税・公課の主要負担を負っていた。

帝国内では勤労者は無権利で参政権を奪われ、逆にのらくら者は全能者であったが、ちょうどこれと同様に、軍隊内では、多数部分――兵士は少数部分――将校に全面的に全く従属していた。兵士は、主に、農民層の中から強制的召集によって兵役に徴集され、将校は、旦那と町人、大土地所有者と資本家、これらの子弟の中から補充された。

軍規はツァーリ軍隊ではむちによって保持されていた。兵士は無であり、将校は一切であった。もし兵士が己が服務の目的を熟慮するならば、彼はただちに実状を察知し、自分が持てる者の道具であるにすぎないことを洞察するであろうことは、政府はこれをよく心得ていた。それゆえ、政府は、また、兵士を無意志の機械・操り人形に仕立て上げ、彼の中の人間的なものを根こそぎにすべく努力した。兵士が、友人、血縁者、耕地、茅屋を忘れ去り、妻子を思う代わりに、唯一つのこと、すなわち、彼はツァーリと祖国の下僕であることのみを考え、唯一つのこと、すなわち、命令に従うことのみを知っていること――これが政府の欲したことであった。兵士の全服役期間を通して、彼は無だと教え込まれ、ツァーリを、そしてもちろん、持てる者をも「内外の敵」から守ることは彼の義務である、と厳命された。つまり、二言なく戦場に赴き、そこで彼と全く同様な人間、すなわち等しく農民、労働者である人間を銃剣でなぎ倒し、あるいは、「反乱」の場合には、「内部の敵」、すなわちこれもまた彼の同輩たる農民、労働者に銃口を向けることを叩きこまれたのだ。陸軍大臣をはじめとして上等兵まで、「お上」全体は、無謬で神聖であり無制限の権限を持つと説明された。兵士は、「理性を働かす」ことを許されず、従順に従うべきものとされ、生活すべきではなく、勤務すべきであり、歩いてはならず行進させられた。そして、これは、服務中や兵営の中においてだけではなく、兵士が街に外出を許され、あるいは年に数日の帰休――時にはこれすらなかったが――で出かける、まれな場合でも同様であった。路上では、ひたすら将校殿との出会いに注意を払い、「服務規程に従って」、敬礼・気をつけ・歩行を忘れずに行なうのに専念するのは、兵士の強制的義務であった。なぜなら、服務規程違反、たまたまの不注意、失策がある場合には、逮捕、数時間の歩哨、場合によっては、体刑あるいは懲罰大隊行きを喰らうのは確実であったからである。これに比べれば営倉行きは、どんな刑務所と比較しても、休養である。演習期間中、兵士は、厳寒、酷熱の中で、疲労困憊の極みに達し、しばしば転倒するまでけしかけられた。給養は法外の悪さだった。兵士への道徳的・精神的教育に関しては、政府は、人格の完膚なき剥奪を達成することができた。

兵士の頭脳を鈍らせ、思考のための可能性も時間も徹底して奪い去り、彼の中のあらゆる「有害な」思想を抑制するために、ありとあらゆる無意味な沙汰が兵士の頭に注ぎ込まれた。兵士の読書については、彼が服務規程しか読まず、それ以外の無益な、あるいは逆に士気をそぐ文書を読まないように、注意が払われた。外部の世界との兵士の交流は、できうる限り阻止された。一言でいえば、兵士を判断力のない、従順な機械に仕立て上げるために、あらゆることがなされた。

それにしても、かかることは、ただたんに、ロシアの軍隊に限られなかった。ドイツ軍の少尉は、ロシア軍の将校に劣らず、自分の部下――「下っ端」――を虐待し、苦しめた。またフランスの軍隊における、勤務外の「自由」という装いのもとに隠蔽された、家畜扱いの軍規は周知のところである。いたるところで、兵士を物言わぬ道具に仕立てる努力がなされた。これは理解にかたくない。なぜなら、もし兵士が目的意識的であったなら、彼は自分自身の敵、すなわち持てる者にとってのみ有用な戦争に出征するだろうか？　彼は、目的意識的である場合でも、反乱を起こした労働者・農民に発砲し、革命運動を抑圧する手助けをするであろうか？　そして最後に、もし軍隊中に階級意識が現存するならば、軍隊は自軍将校に、ブルジョアジーの権力に、武器を向けないであろうか？　しかり、ロシアの軍隊もついになしたごとく、軍隊は、もちろん、それ自身の父母・兄弟・姉妹・妻子――勤労者――が抑圧者の軛《くびき》を払いのけるのを援助するであろう。

2　戦争　ツァーリ軍分解の始まり

革命前、ロシア軍が、ツァーリ・大土地所有者・資本家の権力支柱であった重要な原因が、なお他にあった。すなわち、軍隊が帝国内の残余の住民から隔絶していたことがそれであって、軍隊は自己の圏内《クライス》に閉じこもり、外部のすべての出来事によそよそしく立ち向かい、外から来る影響は一切許容せず、「上」からの命令を除いては、いかなる精神的潮流も受け入れなかった。政府は、軍隊を、いわば、垣根で囲繞《いじょう》し、残余の社会から引き離すべく、入念に骨を折った。兵士が心を持つことは許されず、軍隊は、いかなる特色も排除する、服従と残酷との精神を己が精神としていた。軍と住民とのあらゆる絆を破壊するために、支配階級はこれらのことを必要とした。持てる者の権力を掘り崩し、現行世界の富める者が有する財産と収入とに手をかけることをあえてなす者はことごとく殺害することを、いつでも快諾する用意があったのは、まさに、かかる軍隊であった。軍隊は、一種、国家の中の国家であった、常備軍の五〇万の人員は、兵営の敷居を一歩踏み込むやいなや、農民・労働者であることをやめ、これら労働者・農民の敵になったのである。野蛮な教練の三年間は、兵士の心中で、彼はプロレタリアであってブルジョアジーは彼の敵であるとの感情をことごとく殺し、要するに、兵士の階級意識をすべて窒息させた。

一九一四年、戦争が始まった。激烈な空前の戦争がヨーロッパに燃え上がり、間もなく全世界に拡がった。万国の資本家は、無茶苦茶な貪欲を競い、無制限の利益を追求して、互いに頑固に争った。そしてこのような利益のために、今や、数百万の農民・労働者が、犂《すき》、旋盤、自分の家族、習熟した仕事から引き裂かれ、戦闘に投げ込まれた。何のために？　果てしない茫々たる戦場で――ガリツィアで、ポーランドで、ルーマニアで、ベルギーで、フランスで、あまつさえ遠くアフリカ、アジアにおいて――砲火の嵐、銃弾の雨、有毒ガスの暗雲の中で殺されるためにだ。あるいは、ほかならぬ自分たちの兄弟の手にかかって殺されるためにだ。彼らは戦争の恥知らずな張本人に等しく欺かれた犠牲者であり、かの万人の殺人鬼――彼らの名前はブルジョアジーだ――の貪欲の（自分たちと同様な）犠牲者なのだ。

この前代未聞の戦争は、巨大な量にのぼる部隊を必要とした。だから、例えばロシアでは一五〇〇万人もの勤労者が召集された。だが、今や軍隊を残りの住民から切り離しておくのはもはや不可能であった。軍隊の中に国民中の最上の力――一八歳から四三歳にいたる、最も健康的で最も力強く最も労働能力豊かな分子、本来の精華――が流れ込んだ。軍は郷里、すなわち全国と絶えず結ばれていた。兵士は親戚と手紙を交換し、親戚から送られてくる金を受け取った。帰休で、あるいは負傷、病気の回復のために、絶えず兵士は入れ替わり立ち替わり帰還した。士官層にも変化が生じた。古参の積極的将校は、あるいは戦場に倒れ、あるいは兵役不適格者になり、または文官勤務などの安全な場所に転じた。それで将校は不足であった。これがために、士官学校では二年またはそれ以上の課程が、六カ月に、次いでは四カ月に引き下げられた。また新しい士官学校――その中には三カ月課程のものもあった――が開設された。これらすべての学校、教程に新しい世代を補充したのは、他の教育機関の学生、生徒であり、若い官吏であった。当然新しい士官は、兵士との間に旧将校とは異なった関係を樹立した。またこれらの士官は、格別好戦的な気分をもっていなかった。

軍隊は、精神も外貌も変化を遂げた。しかるに国は、依然恣意の国であり、少数者による多数者の抑圧と暴力支配の国であった。だが、軍隊は別のものに変わっていて、もはや外部から遮断された存在ではなく勤労大衆の最良の勢力から構成されていた。かくして軍隊内の秩序は、もはや以前のようには国家秩序に照応していなかった。すでに詳しく述べたように、かかる場合においては軍の分解は不可避である。そしてここでも事態はそのようになった。とりわけ農民階級・プロレタリアート中の意識的なすべての層が軍隊に入ってきた。彼らは職業兵士とは異なって、長年の教練によって萎縮することはなかった。彼らの間では、「何のためにわれわれは戦争しているのか」との疑問が次第に表面化し始めていた。

なおまたロシア軍は、まさに厭うべき条件下で戦わねばならなかった。大砲、弾薬、小銃が不足していた。だから攻撃のために前進中の中隊で、兵員の半数しか銃を装備していない、という事態が生じた。その場合には、一人が銃を、しかも多くは新式のものではなく時代遅れのベルダン銃を持っている隣りでは、武器のない別の兵士が、よんどころなく、そんなやくざな銃を得るために戦友が戦死するか負傷するまで待っていなければならなかった。しかもこれはまれな出来事ではなかったのである。補給――糧秣支給、衣服配備――は惨めなものであった。戦争初期でも中途半端な装備であった軍隊は、じきに裸足で飢えの極みに達し、装備を与えられず、武器を欠く有様となった。最高司令部では、昇進、勲章、地位をめぐって陰謀が横行した。だから一部の兵団長または師団長が、隣りの部隊が危険に陥っているのを知りながら、その指揮官に対する個人的敵意から、故意に救援に駆けつけないことが往々にして起こった。兵士は大事にされず、敵の殺戮的な砲火を無視して、千人また千人と戦闘に投入された。しかしこれらの出来事もまた、ロシア軍に限られなかった。ベルダンでの独軍、リレでの英仏軍などなど天人ともに許さぬ損害を考えてもみよ。とはいえ、ロシアでは「大砲の餌食」――すなわち兵士――を取るに足らないものとする鉄面皮ぶりは、ひときわ著しいものがあった。ロシアの将軍たちは、兵士は「十分」ある……と言ったものである。

これらすべてのこと、そして一九一五年ドネツの戦闘の後に起きた敗北（この結果ロシア軍部隊はガリツィアから撤退するにいたった）、それに続くポーランド・リトアニアからの大退却――これら一切の打撃（それらの原因は戦争予備品の不足のみならず、また軍の分解でもあった）は、なお一層大きな、なお一層鋭い分解をもたらした。

軍の中では、不満と反抗が胚胎し、成長した。兵士たちは、自分たちが支配階級の手中に握られた手段、最大利潤を戦い取るための手段にすぎないことを、理解し始めた。思わしくない戦況は、この見解をいや強め、厭戦気分を刺激した。ことここにいたって、脱走――帝国主義軍では普通の現象――が非常な数に増加した。脱走兵に対する住民の態度は同情的であって、宿と食事とが与えられ、人々は脱走兵を憲兵と警察とから隠した。将校層に対する兵士大衆の関係は、ますます尖鋭化した。軍隊は崩壊に瀕した。統一的努力がないところには、団結が欠けている。団結がないところには、力は存在しない。軍は時々刻々その戦闘能力を失い、内部的に瓦解し、反乱と騒擾のかまどになった。

3　革命　ケレンスキー時代における軍隊の一層の瓦解

軍事的失敗は、国内に、政府に反対する運動、しかも二様の運動を解き放った。戦争に勝利と利益とを期待したブルジョアジーは、ツァーリ政府に不満であった。彼らは、不成功の責任は、指導的で影響力のある人物、すなわちスホムリノフ、ラスプーチン、ミャソエドフ、プロトポポフなどなどの類い、要するにツァーリとりまきの全徒輩《クリーク》にある、と信じた。それゆえブルジョアジーは、権力を掌中におさめ、退廃し、最後的に退化した貴族と家庭の放埒な高官との腐った手から、権力をもぎ離そうと努めた。ブルジョアジーの代弁者たちは、プリシュケヴィッチをはじめケレンスキー、メンシェヴィキまで追随者として、極めて嘆かわしいロシア議会、帝国ドゥーマの中で、ツァーリの大臣に対する絶望的な追撃を開始した。演壇の上から、大臣たちは「敗北主義者」の烙印を押され、自国の崩壊を目指す人物だ、と攻撃された。極めて特徴的なことだが、ブルジョアジーは革命――神よ守り給え――を断じて欲しなかった。彼らが欲したのは、ただたんに、ツァーリ政府が産業代表者からなる政府に席を譲ることであって、その政府はドゥーマすなわちブルジョアジー自身の弁護者に対して「責任を負う」べきであった。ブルジョアジーは、これらの「敗北主義者」に代えて「祖国防衛政府」を置こうと欲した。これは、人並みの言語に翻訳すれば、工場所有者と銀行支配主との権力を意味し、「窮極の勝利まで」の戦闘続行に等しかった。当時もしブルジョアジーが、革命が彼らにとってどんなに悲しい方向転換を遂げるかを知っていたならば、たんに口舌によってにせよツァーリやラスプーチンを攻撃するよりは、むしろ、彼らの靴に接吻したであろう。

けれども、革命を「起こし」、あるいは出来事の仮借ない成り行きを食い止めることは、もちろんブルジョアジーの力量を越えていた。前線での敗北、国内の増大する不一致、ことに農村での著しい労働力不足、――これらは、戦争が人民に流血と飢餓と心痛以外は何ものももたらさず、またこれからももたらさないであろうことの、説得力ある証明を与えた。かくて人民は言った、われわれは平和を欲する、われわれはこれ以上戦いたくないし戦えない、と。

軍隊においては、国内に拡大している飢餓と不一致との知らせが山をなした。帰休から戻った兵士たちは、勤労者の全般的窮乏化についての細目を持ち帰り、収穫に際してどんなに労働力にこと欠き、郷里ではどこでも婦人・子供・老人しか残っておらず、国がどんなに平和を待望しているかを、物語った。こうして、これらが、兵士自身の、このようなありうべからざる状態のもとで戦うのを厭う気持ちに、付け加わった。軍需物資の逼迫、不完全な給養、指揮官の無能、兵士大衆の戦意の不足、――これら一切は新たな敗北をもたらし、これはまたこれで、新たな損害・混乱・不平をもたらした。かくして、一方が他方を惹き起こし、相互的に強化し尖鋭化しあって、ついに、一九一七年二月末と三月初め、労働者・兵士・農民の統一した力は、ツァーリ体制を投げ倒すにいたった。

ツァーリズムは廃止されたが、それに代わって登場したのは、ミリュコーフ・グチコフ政府であった（グチコフは一九〇五年モスクワで労働運動を弾圧した絞殺者の一人である）。まずブルジョアジーの政府が登場し、次いで連立政府、すなわち、半分ブルジョアジーの代表からなり、半分社会主義者代表からなる政府が出現し、仲裁政策を推進した。ロシア・ブルジョアジーと英仏米の「連合」ブルジョアジーとに仕えるこの政府は、たんに平和を実現しなかっただけでなく、さらに「窮極の勝利まで戦争」のスローガンを布告した。連合帝国主義の種々の代表者がモスクワにやって来た。そしてまた、かの労働者の利害の裏切者、黄色第二インターの卑劣な指導者・代弁者、すなわちフランスからA・トマ、ベルギーからヴァンデルヴェルデなどなどもやって来た。この高貴な団体に向かって、ロシア政府は、「名誉ある同盟者に対して信義を守る」ことを約束した、すなわち、連合国側の銀行主らのために、ロシア人民の血を流すことを誓ったのである。(原注)

戦争はさらに進んだ。

（原注）ある英国政府代表の、極めて特徴的な逸話（しかもこれは大いに信用できる）がある。人が彼に「いつまで英国は戦争を続けるか」と質問した（時に一九一六年であった）。これに対する返答は最後のフランス・フランまで、そしてさらに、「最後のロシア兵まで……」であった。

しかし、政府は、その自称する革命精神を、何らかの形で、示す必要を認めた。この理由から、政府はあらゆる類いの「自由」と大いに賞揚された「憲法制定議会」とを約束した。軍もケレンスキーによって若干の「自由」を得た。最初に現われたのは、ペトログラード（のちにレニングラード、現サンクトペテルブルク）・ソヴィエトの圧力下に政府が出した——政府は後にこれをひどく後悔したが——上官選挙の布告であった。引き続いてケレンスキーは「市民兵士の諸権利」を告示した。兵役外の強制的敬礼はなくなり兵士は帰休中平服着用を許され、今後、士官は「閣下」ではなくたんに「殿」の称号で呼ばれることになった、などなど。これらすべては、いかにも取るに足らないものにすぎなかった。それでも多数の人々、ことに萎縮した人々にとっては、将校は彼らが占めていた台座《ピエドルスタル》、いわば聖化された地位から引きおろされはした。はるかに重要な再編・改革は軍内部での委員会とコミサール（軍隊派遣政府委員）との設置であった。連隊委員会、中隊委員会、師団委員会などなどの導入によって、政府は手始めに、勤務外における兵士の事実的「自治」を確証しようと欲した。だが、諸委員会網は、いわば罠に、くもの巣になるはずであって、この中に軍隊を編み込むことが、政府の意図するところであった。そして事実、これらの御立派な兵士委員会の現員には、将校を勘定に入れなくても、あらゆる類いの戦争志願者、曹長、書記が属していたが、本来の兵士はごくわずかしか見当らなかった。たとえ、本来の兵士がそこに加わっていたとしても、その場合には、当然、彼らは、最初は、右に例示したような分子の影響下にあった。

さらに、上は軍司令官、前線司令官まで、種々の部隊指揮官には、政治コミサールがつけられた。彼らは戦闘上の布陣と戦闘作戦以外の軍の全活動を監督した。彼らは将校側の反革命謀叛がたくらまれ準備されないように、警戒する義務があった。文字面では以上のようであったが、実際にはケレンスキーのコミサールと兵士委員会とは、種々の将校団体、クラブ、結社などなどを、安閑として許容した。彼らは、反革命煽動――かかるものは絶えず行なわれていた――を見て見ぬふりをした。労働者・農民に向けられた例の犯罪的冒険の時も、すなわち、コルニーロフ事件においても、コミサールは極めて怪し気な振る舞いをなし、彼らの多くは、将軍たちと結託していた。これに反し、兵士大衆は厳しく監視された。不平不満のどんな表明も油断なく見張られ、その報告は、政府に送られた。そしてシャイデマンの類いが有害な思想からドイツ軍を防衛したように、ひどく憎悪するボリシェヴィズムの軍隊内における拡大阻止に、全力を挙げた。

その手に軍隊を握る者は、権力を有し、全国の問題を左右できる。それゆえ、三月革命後ただちに、軍隊獲得をめぐる尖鋭な闘争が燃え上がった。一方には、その付属物を従えたブルジョアジー、他方には、共産主義者（ボリシェヴィキ）、これが二大陣営であった。臨時政府は、無意味な戦争続行以外、何ものも人民に与えず、国内では、ケレンスキー一派に対する反抗が日々に増加し、ボリシェヴィキへの共感が成長した。同じことが軍隊内でも起きた。銃後でボリシェヴィキ狩りを行なっていた政府は、軍隊内でもボリシェヴィキを逮捕させ、集会や会議でボリシェヴィキの演説を禁じ、われわれの文言、ビラ、呼びかけなどなどを没収し、破棄した。

けれども、これらの迫害は無力で、目的を果たさなかった。反対にそれらの結果、「民主的」とはいかんともみなしがたいこれらの方策によって、自らの反革命志向の馬脚を現わした政府に対する兵士たちの気持ちは、一層手厳しいものになった。だが、兵士大衆に騒擾をもたらした主要原因は、ケレンスキー政府が戦争終結を拒絶したことであった。平和を！　われわれに平和を！　それのみを軍隊は求めた。軍隊は、じめじめした塹壕住まいを、もはやこれ以上続けるのは御免であった。それは軍隊をわが家へ、故郷の土地に駆り立てた、そこでは、打ち捨てられた婦人・老人が、最後の力を振り絞って、辛うじて露命をつないでいた。信じがたい巨大な規模で、脱走が増加した。脱走はすでにツァーリ時代からないわけではなかったが、今やそれが終熄するのは考えがたいほどであった。将校への信頼の念は最終的に失せた、しかもその罪は将校自身にあった。なぜなら、彼らの中の最良の者、つまり、兵士に対する態度が最も善良な者でさえも、「下っ端」から身を遠ざけ、革命後も以前のようによそよそしく行動し、離れたままであったのだから。これがないとしても、その他の点で、将校と一般兵卒との間には、一つの深淵が大口を開けていた。深淵とは、階級利害の対立、階級間敵対関係である。一方は被抑圧者であり、他方は抑圧者であった。両者の和解は、過去にも現在にもまた将来にも、決して存在しない。これは、ちょうど、野獣が猟師と和解できず、死刑台の受刑者が処刑者と和解しえないのと同断だ。兵士は大挙して戦線を放棄した。そうこうするうちに、後方でも、平和が熱烈に待望された。食料品の配給はますます悪化した。それにもかかわらず、政府は、ロシアおよび連合国のブルジョアジーの命令を守り、一九一七年六月一八日（グレゴリー歴七月一日）には狂気沙汰の冒険を企てた、すなわち攻勢である。人はボリシェヴィキに、軍隊内の分解の責任を押し付けているが、この時、攻勢の数日前にボリシェヴィキはペトログラード・ソヴィエトで言明した。「諸君が自国軍隊の絶滅を欲する場合にのみ、攻撃計画を実行せよ」と。だが、政府は耳をかさず、七月一八日、勤労人民の何千もの息子たちが、犯罪的な方法で、血みどろの殺戮場裡に投げ込まれた。

4　七月からプロレタリア革命まで

この攻勢は当初、若干の見せかけの成功を示しえた。これを可能にしたのは、攻勢実施のために強力な最良の兵士が投入され、しかも兵士たちの背後に「勇敢な」将校が連発銃を構えて続いたという事情であった。だがすでに八日後には、前進は阻まれ、続いて退却が始まり、これは間もなく算を乱した敗走に悪化した。テルノポリで軍隊は、七月、壊滅的敗北をこうむった。退却は全戦線で始まり、ついに、リガ(原注)その他の一連の諸都市の明け渡しの事態にいたった。六月一八日、ロシア軍は、これ以上戦う力のない軍隊として、死刑宣告を下されたのだ。もし、政府がこの狂気沙汰の挙に出なかったならば、軍隊が塹壕内で持ちこたえることは、なお長期間可能であったろう。攻勢は、そのうえさらに、次のような悪い結果を伴なった。すなわち、これによって、ドイツ政府は「諸君はロシア人が諸君に攻撃をかけるのを目の当りに見ている。だから、諸君はなお戦い続けねばならない」と、ドイツの人民・兵士に向かって言う可能性を得た。そして、もちろん、ドイツ政府は実際にそうしたのである。このようにして、六月一八日の攻勢は、ロシア人民のドイツ人民に対する関係にとって、最も手痛いはねかえりを意味した。

（原注）ちなみにリガ明け渡しは、また、コルニーロフ将軍側による挑発行為でもあった。彼は、それによって、大衆を威嚇し、右へ、すなわち君主制へ押しやろうとしたのだ。

しかし、いかなる不幸にも限りはあり、一つの幸運が隣り合っているものだ。この日は、ロシアの勤労者に、彼らがケレンスキー政府から期待できるものは何であるかを示した。軍隊では、分解が巨人の歩みをもって一層進んだ。全連隊、全師団が、立ち上がってその持場を捨てた。脱走兵の数は二〇〇万人にのぼった。政府は苛酷な手段に訴える決意をした。ペトログラード労働者の七月蜂起の後、後方では、ボリシェヴィキが絶えず監獄その他の刑罰の危険にさらされていた。同志レーニンに対して、ケレンスキーは「人民の敵、革命の敵」の、宣告を下した。前線では、兵士に対する死刑が再導入され、銃殺は日常茶飯事であった。三月に死刑を廃止したケレンスキーは、当時、誇らしい言葉を吐いた。「私はロシアのマラーたりたくない」と。彼は、今やその代わりに、マリュータ・スクラトフ(原注)になった。

(原注) マリュータ・スクラトフは、イワン雷帝時代の最悪の絞殺者の一人であった。彼は、数千にのぼる無実の者の血に、責を負っていた。

反革命将校層が頭をもたげていた。九月八日(八月二六日)、コルニーロフは赤いペトログラードすなわち革命に向かって進軍した。この企ては失敗した、いかなる強力も妥協的内閣に対するプロレタリアートの蜂起を押しとどめることはできなかった。「血と鉄」によるケレンスキーの威嚇は、滑稽なだけであり、無力による憤怒の爆発であった。事件は電撃的に展開し、一九一七年一一月七日(一〇月二五日)、臨時政府は打倒され、ケレンスキーは逃亡し、権力は労働者・農民の手中に渡った。

この間、軍内部の分解は一層進んだ。ボリシェヴィキの煽動は、あらゆる迫害にもかかわらず、軍隊内に一層の地盤を獲得した。それは平和を求め、兄弟殺しの帝国主義戦争を終結させるための煽動であった。兵員は戦線を放棄し、あとには、戦闘はもはや全く問題になりえない状況が残った。その結果、ロシアは、プロレタリア革命勝利の瞬間に軍隊を備えず、ただ、軍隊の嘆かわしい紊乱《びんらん》した残部を有しているだけであった。

われわれコミュニストはしばしば、軍隊の士気喪失と無力化との責を、押し付けられた。これは嘘であり、ブルジョアジーのありふれた中傷の一つである。軍隊における分解は、すでにまさしく戦争勃発時に始まった。のみならず、崩壊の可能性は、ツァーリ軍ではもともと常に現存していたのである。なぜなら、それは勤労者から成り立ち、しかも抑圧者の目的と利害とのために規定されていたのだから。外部からの衝撃が、この可能性を不可避的な結果に現出させたのである。敗北は、すでに一九一五年に決定的な事実であって、テルノポリでの崩壊の日々に最終的に立証されたのである。戦争は開始された瞬間にすでに敗れていた。遅れた農業的ロシアは、近代的工業の巨人ドイツとの戦いを遂行できなかった。同志トロツキーは、彼がブレスト＝リトフスクの講和を、ツァーリとケレンスキーが署名し人民が支払い義務を負った手形に対比した点において、完全に正当であった。結局、われわれは、この手形〔ブレスト講和―訳者〕支払いに、長く頭を砕く必要はなかった。それはドイツ革命によって破棄された。今日、われわれの目の前では、英・米の強盗的資本家たちが、ヴィルヘルム二世とシャイデマンとが署名した手形の償還を、ドイツ人民に強制することによって、ちょうどかつてドイツの強盗がロシアを荒し廻ったのと全く同様に、彼らの儲けを殖《ふや》そうとしている。だが、遠からずわれわれは見るであろう、西欧の覚醒しつつある諸国人民によって、世界革命によって、いかにシャイデマン手形がずたずたに引き裂かれるかを。

〔二〕　社会主義赤軍

1　第一歩　赤衛隊　一月二八日の布告

一一月の日々、ペトログラード、モスクワの街路で労働者と兵士とは士官候補生、将校、白衛兵に対して闘った。人民の敵の抵抗が打ち破られた後、この闘争に参加した兵士たちの一部は、兵営へ、ついでまた家へ戻った。残りの部分が、ソヴィエト権力下に留まっていた。街路などなどの警戒は、急遽呼び集められた労働者・水兵の部隊が事に当たった。これらすべての横の連絡を欠き重要性に乏しい戦闘諸単位が、革命の赤衛隊を形づくり、これらが勝利したプロレタリアートの最初の武装権力であった。この赤衛隊は、数の点で弱体であったのみならず、その構成においてもまったく信頼しがたいものであった。その戦士たちは、帝国主義軍部隊に君臨していた解体精神に感染し、この精神を赤衛隊の内部にも持ち込んだ。そのうえ、彼らは故郷に心を引かれ、長期の兵役に倦み疲れていた。だから、彼らからは現実の革命勢力は出てこず、反対に、むしろ解体的影響が現われたのである。他方赤衛隊の隊列の中に、多数の不純で怪しげな人物が入ってきたが、その中には、いかなる階級意識も欠いていた浮浪者、あるいは端的な「ルンペンプロレタリアート」がおり、また、あらゆる類いの犯罪者が混じっていた。赤衛隊のただ少数部分のみが、革命的・階級意識的な革命の前衛、すなわち、労働者と水兵であった。これは赤衛隊の目的意識的な核であり、赤衛隊からの無用・有害分子の粛清が進展するにつれて、これを核として新しい諸力――すなわち、様々な工場・作業場の武装した労働者、進歩的兵士・鉄道員などなど——が結集してきた。問題がブルジョアジーの最後の抵抗を克服することであり、倒さねばならないのが将校・白衛兵の謀叛だけであった限り、その限りでは、赤衛隊は、程度のいかんはあれ、そのすべての任務に堪えた。けれど、ただちに次の事情が明白になった。この武装権力は十分でなく、われわれが必要としたのは、偶然的で数においてわずかな部隊ではなく、一つの正規軍であることが。軍隊——なぜなら、国内ブルジョアジーより苛酷な敵がロシア革命を脅していたのだから。このより強力な敵は、爪の先まで完全武装して、勝利した労働者、農民を改めて奴隷にするために、いつでも襲いかかろうとしていた。

この敵は世界帝国主義であった。万国のブルジョアジーは、ロシア革命に対して、深く非和解的な憎悪を抱き、ロシア革命の中に、他の国々をも燃え上がらせかねない炎のかまどを見た。プロレタリアートが権力を闘い取るやいなや、即刻、労農政府は全世界に向けて、ロシア人民はもはやこれ以上戦うのを欲しない、と告げ、すべての交戦国に即時和平交渉を呼びかけた。かつてのロシア側同盟諸国のプロレタリアートは、社会主義者の仲裁政策の代表者に抑圧され裏切られ、注入された民族的憎悪に盲目になり、——沈黙していた。英仏米などの政府は、もちろん、ソヴィエト・ロシアの呼びかけに耳をかさなかった。だが、ドイツは和平交渉に臨むのを承諾すると言明した。それが有利に思えたからである。ドイツは、東部で、つまりロシア戦線でフリーハンドを獲得し、ついで敏速な突撃によって残りの敵を始末するのを望んでいた。だがドイツ政府は前代未聞の苛酷な条件を提示した。結局、それは当然の帰結であった。資本のハイエナたちにとってはいかなる「同情」も無縁である。「敗者は苦しめ」が彼らの弱いものへの返答である。それにもかかわらずソヴィエト・ロシアは交渉に臨んだ。なぜなら、戦争の継続は考えられないことであり、また、プロレタリア革命と矛盾していたからだ。だがボリシェヴィキは交渉に臨みながらも、ドイツ帝国主義はその敵に対する勝利を収めたならば、最初の機会を把えて再びロシアに襲いかかるであろうことを、絶えず念頭に置いていた。ボリシェヴィキは、これとは別になお次のことを認識していた。すなわち、ロシア労働者は、ドイツ敗北の場合には、否それ以前にすら、別の敵――つまり帝国主義的「同盟諸国」を相手にせねばならないだろう――と、睨んでいたのである。ロシア人民が戦争を放棄し、流血を中止しヨーロッパの富者の利潤を停止したこと、また、ツァーリとケレンスキーによって連合国の間で起債され、その支払いが一世代以上の勤労者の重荷になっていた借款を、ソヴィエト政府が破棄し無効を宣言したこと、――これらやその他のソヴィエト政府の諸処置だけが資本家たちの憎悪を惹き起こしたのではなかった、それだけではなくて、たんにソヴィエト政府が存続していること、権力がプロレタリアートのもとにあった事実、これは、資本家たちがロシア革命の絞殺を熱心に志向する、十分な理由であった。さしあたり、彼らはなおドイツに対する戦闘で手を縛られていた、逆に、ソヴィエト権力はしばし息つく暇をあてにできた――いかにも、国際資本は、白衛兵と、コルニーロフ、後にはクラスノフ、アレクセイエフ、デニーキン、ドゥトフなどの将軍、かてて加えて、ウクライナの反革命的独立政府《ラーダ》などなどをなかんずく貨幣で（そしてドイツ政府は軍事要員と火器によってさえ）支援していたのではあるが。ボリシェヴィキは、息つぎの間をあてにしたが、しかし、帝国主義者たちは、全力を挙げて、公然たる襲撃、尖鋭な突撃をロシアに対して企てるであろうことを、絶えず意識していた。しかり、ソヴィエト・ロシアは軍隊を必要とした。

そこで、一九一八年一月二八日、労農赤軍建設に関する布告〔本書五九ページ〕のなかで、ソヴィエト権力は、勤労者に向かってこの軍隊に入隊するよう呼びかけを公布した。この布告の主要内容は、赤軍建設に関する一般的規定と並んで、軍隊を強制的徴兵によってでなく志願兵原理に従って建設するとの表明であった。しかし、志願兵原理は、断じてプロレタリア国家の精神に適合しない、なぜならかかる国家においては、防衛はすべての勤労市民の義務であるのだから。だが、強制的徴兵実施のための人員を、どこからつれて来れたであろうか。最も若く、最も強力な勢力の圧倒的多数は、旧軍隊の現員の中にあり、この旧軍隊は今では完全な瓦解に瀕していた。だから、人々がさしあたり帰郷し、休養を得るために、軍隊を解散し動員を解除することが必要であった。彼らは、新たな内戦は彼らの利害のための戦争である、との考えに習熟せねばならなかった。これらを経ないでは、兵役への新たな召集——しかも無差別的な召集ではなく、現実にプロレタリア、勤労者である者のみの召集——を、考えることはできなかった。そのうえさらに、新規召集を受け入れるべき部隊も存在せず、新兵の計算・編入などなどを遂行するはずの装置、すなわち徴兵事務所が欠けていた。陸軍省は一〇月の激変の後に軍事人民委員部と改名されていた。けれど、この変更は、当面、看板の書き変えに限られた。この人民委員部には、旧官吏が留任していて、軍隊内には以前の将校が留まっていただけではなく、さらに、人民委員部は職務遂行のうえで第一に旧軍隊の残存物に頼らねばならず、かてて加えて、以前の地方陸軍当局を利用するのを余儀なくされた。さもなくば、それは宙づりになる他はなかった。だがほどなく、この軍事人民委員部の内部に「赤軍組織委員会」が設置された。かくて、この結果、真正の人民委員部が出現し、これが今や実際に旧陸軍省に取って代わったのである。

帝国主義軍隊は、それが自主的に「解散」しない限り、今や徐々に解散されるべきであった。旧軍隊の一部兵士は留め置かれたが、彼らは解体的精神に感染し、新しい体制に少しも適合しなかった。志願兵部隊は、赤衛隊と同じく、内部の敵に対する戦闘ではなお一定の役割を果たしえたが、外国帝国主義の正規軍部隊に対する戦闘のためには使用に堪えなかった。他方、革命の原動力となった階級――労働者階級の中には強力なエネルギーが潜んでいて、労働者階級は闘争への願望と意志とを隠し持っていた。一九一八年二月、ドイツ軍がペトログラードへ向けて進出してきた時、命令を与えられないでも、たんに工場委員会のイニシアティブに基づいて、著しい労働者勢力が夜をついて警報によって集められた。この勢力を利用する必要があった。けれども、労働者は軍事には未経験であった。なるほど若干の工場が、一部、予備訓練を受けた部隊を擁していたのは事実であった。しかしそれもわずかであって、そのうえ、それらは不完全にかつ大急ぎで養成された分子にすぎなかった。世界帝国主義に対抗するには、訓練がおろそかな臨時部隊や、臨時の志願兵部隊では、明らかに不十分であって、そのためには現実的で強力な軍隊が必要であり、しかも、一般的精神と現存秩序に適合する軍隊が、つまり階級軍が必要であった。

赤軍建設の布告に基づいて、首都の各中央人民委員部、並びに地方の人民委員部は「自己の」戦闘部隊を「調達」し始めた。しかも雑多な目的に応じてである。例えば、略奪防止のため、鉄道と食糧庫など警戒のため、局地的白衛兵に対する戦闘のため、などなど。この結果、当然、部隊は、分散し、連絡は欠けてバラバラであった。かかる志願部隊やパルチザン兵団は脅威とするに足る武力ではなかった。軍事的諸原理に従って十分鍛えられ、勤労者から構成される軍隊なしに済ませられない、との考えは、プロレタリアートのより広範な人々《クライス》の間に、漸次市民権を得た。前線からは、弱体で不均質の部隊の代わりにより大きな戦闘単位を求める直接的要求が送られてきた。志願兵部隊では、必要な軍規を維持するのは困難であることが、経験によって明らかになった。かてて加えて、歴戦の指揮者の不足が困難を加重した。なぜなら、コミサールは、大多数、軍事問題では新米であったのだから。前線は、まさにかかるすべての困難の現存のもとで、あらゆる窮迫に呻吟していた。だから、例えば第一軍の司令官はモスクワ宛書簡の中で、「一般的な兵役義務だけが、現状況を救い、厳格な規律を達成しうる。苦い経験と恐しい事実とが、これを教えているのだ。われわれに指導者を送るだけでは十分でない、指導的軍隊(原注)を創建せねばならない。小部隊は沢山だ――連隊を与えよ。コミサールは沢山だ――軍事専門家を送れ」と書き送った。そして、事実、独立的で不均質でごた混ぜの部隊構成では、いかなる統一的作戦も不可能であり、軍隊は、かかる事情のもとでは、敵に対して効果的な抵抗を敢行する状態に断じてなかった。一部の小部隊の指揮官が最高司令部に服従しないことが、しばしば生じた。総じて、それは革命軍ではなかった。われわれは、分散し、あちこちに点在し、しばしば服従を拒絶する兵力を用いることはできなかった。われわれが必要としたのは、統一的で内に向かっても外に向かっても鍛え固められ、プロレタリア革命精神と階級意識とが透徹した軍隊――強力な鋼鉄の壁として、帝国主義的略奪者の前途に立ち塞がる軍隊であった。そしてプロレタリアートは、かかる軍隊を実現しもしたのである。

(原注)すなわち、よく組織され、脅威とするに足る強力な軍隊。

2　義務制軍事訓練　四月から八月まで

ブレスト条約署名の日、強力な軍隊を保持する必要性を認める信念は、勤労大衆の意識の中に、すでに十分根を下ろしていた。ここかしこでは、軍制の正規化への強力な圧力が人目を惹いた。多くの都市で、軍事委員部、軍事局、種々の部隊が作られた。かくして一九一八年四月初め、オリョールからの報告は、「われわれは現在のソヴィエト部隊の手直しに着手する」と告げ、クルスクからは「徴募は極めて良好に進展している」と、トゥーラからは、「あらゆる兵種の部隊が創建された」と、報告され、ヤレンスクからは赤軍への大々的な殺到が報じられた。同様な報道はその他の場所からも届いた。住民と政府が等しく、真剣で計画的な事業に完全に備えていたのは、明白であった。だが、敵も休止してはいなかった。四月五日、ウラジオストックに日本の二個中隊が上陸した。世界帝国主義との、決定的で苛酷な戦闘の時が切迫しているのが、日々に一層明白になった。密集した軍隊を創出すべき瞬間がやって来た。

四月八日、人民委員会議は以下の内容の布告を公布した、「徴兵検査、軍役召集、ロシア・ソヴィエト共和国の武装力創出、他人の労働を搾取しないすべての勤労農民の例外なしの軍事教練、部隊の行政などの措置の実行のために、市町村《ゲマインデ》・郡《クライス》・県《グベルヌマン》・管区《ベヲイルク》の各段階に軍事委員部を設置するよう規定する」。さらに、この布告の中で、これらの機関の活動範囲が記述されている。これらの軍事委員部の頂点には、三人編成の協議体《コレーギャ》――一人の指導的軍事専門家と二人の政治コミサールから構成される――が置かれた。

この布告は、これに続く全露執行委員会の四月二二日の布令、すなわち義務制軍事教練に関する布告を実施するための、準備的処置であった。四月二二日のこの布告は、これもまた、強制的徴兵を準備した。この布告に従って「経営、工場、作業場、農場、および村落の全労働者、並びに、他人の労働を搾取していない農民」は、強制的教練に引き入れられた（第三条）、すなわち、一八歳から四〇歳の年齢の全プロレタリアートが（この他になお、一六歳から一八歳の者が学校の中で準備のために）教練を義務づけられた。

　プロレタリアートにとっては、軍国主義の精神、軍人層の精神は疎遠である。プロレタリアートは、併合主義的目的のために、外国攻撃のために、武器を執るのを肯じないであろう。けれど、ここで問題であったのは、ソヴィエト・ロシアの防衛であり、勤労者に権力が属する世界唯一の国家を全世界ブルジョアジーから防衛すること、つまり、社会主義的祖国の擁護であった。もちろん、かかる任務は、ブルジョアジー、有産層には、全く無縁であった。それにとどまらず、革命と人民との敵たる彼らは、ソヴィエト共和国を打倒するために、全勢力を挙げて外国資本に援助を与え、外国資本主義に成功あれと心底から願い、彼らの「解放者」の到着を熱烈に待望した。それゆえ、一般軍事教練は問題外であり、ただ、労働者と貧農との教練だけが問題になりえた。敵の掌中に武器を与えるのは、許しがたい愚行であったろう。そのうえ、赤軍は、その精神と構成とにおいて、階級軍隊――プロレタリア軍隊でなければならなかった。だが、労働者に権力が属する国において、労働者のみが戦時勤務の全負担を負い、彼らの敵が安穏として怠惰を貪るのを許すならば、それは、当然、不公平で噴飯物であったろう。しかり、有産者に赤軍入隊が禁じられていたとすれば、他方、しかし彼らには別の、栄誉が劣る活動と地位とが割り当てられた、すなわち、労働部隊が。人の修業に終わりはない、――と諺に言う。だから、良家の子弟にとって、兵営を清掃し、その他の「高貴ならざる」荒仕事を行なうのは、非常に有用であった。

　同日の四月二二日に、軍隊中の勤続期間を六カ月に定めた別の布告も現われた。以前には、軍隊に入隊する志願者が、早くも二、三週間後には、新たな衣服の支給などを受けたうえで、除隊していった事例が往々にあった。新しい兵力を吸収しうる、常設的部隊は存在しなかった。トロツキーが象徴的に表現したように、軍隊の「流動性」が現在していた。六カ月の兵役期間の確定によって、軍隊の根幹の設置が果たされ、これを核として新しい兵力を編入することができた。

この後、司令部を組み立てる問題、それも軍隊内に司令部を配備する問題が、日程にのぼった。権力が大土地所有者とブルジョアジーとに属していた時は、将校は兵士の敵であった。だから、ツァーリズムを振り落とした後、ただちに兵士が軍隊内への上官選挙制の導入を要望したのは、全く当然である。今や、社会主義国家においては事情は少しく異なっている。ここでは政府はプロレタリアートの意志によって存立し、この意志を断固として行為に移す権力を形成している。したがって勤労者が、政府に対する信頼感から、官吏や種々の当局機関を任命・設置する権限をも政府に授けるのは、論ずるまでもない。同様に、政府がまた軍隊の指揮官を任命したのは自明であった。何とならば、これらの指揮官は第一に、農民・労働者政府に絶対的に従属していた。第二に、彼らは政府任命の政治コミサールの統制下にあった。第三に、軍統帥部の頂点に、コミュニストが――経験を積んだ古参の党員同志が立っていた。最後に赤軍自身が、その上官が逸脱して、作戦活動・職務活動・戦闘活動の指示された限界を踏み越えないように注意を払うことができ、またそうすべきであった。右の諸活動以外のすべては、コミサールと兵士自身との事業であった。したがって、軍隊中の選挙制の廃止に反対する一切の異論は、実体を欠いていた。いかにも、メンシェヴィキやその他の小市民的陣笠連中は、この一見「非民主的な」措置のゆえに、全力を挙げて、ボリシェヴィキを誹謗しようと努めたのではあるが。軍隊中の任命制の導入を正当化するものに、また、以下の事情があった。すなわち、上官選挙に際して、兵士はおおむね選挙さるべき指揮官の軍事的能力・知識・経験を見ないで、むしろ「温厚さ」やその類いの性質を重視したという事情である。兵士たちはまた、種々の度合いの勤務能力をほとんど判断できなかった。しかし政府は、どれだけ、どんな軍事専門家が存在しているかを、常に知りうる状態にあった。その際、以前の将校を軍隊に採用するのが可能か、との問題は肯定的に決定された。彼らの中には、ことに若年層の中には、ソヴィエト権力の正当性と合法性とを承認した者、あるいは承認し始めた者が存在したのだから。自分の生存手段を負っている政府に忠実に勤務するのは義務である、と考えた者もいた。また別の者は、軍役への愛好心から良心的な仕事をする用意があった。これらすべての、そしてその他多くの根拠に動かされて、労農政府は、赤軍中の司令部設置が任命制によって行なわれるべし、との布告を発した。

プロレタリア軍の発展・確立にとって極めて意義深いこの二二日に、すべての勤労者が赤軍入隊の前に宣誓せねばならない厳かな誓約の文句が定められた。これは以前の宣誓とは徹底して別物であった。当時兵士は、ツァーリ・大土地所有者・資本家のために前線勤務に就いた。彼は、彼ら（これはまさに彼の敵であった）を防御し、彼らに叛旗を翻した時には人民に向かっても前進する、と誓った。だが、赤軍兵士はブルジョアジーにではなく人民に誓約を与えた。彼、「勤労人民の息子」（と誓約は始まっている）は、この人民を防衛し、その権力と自由とのために戦う、と誓う。この誓約によって、軍隊は人民と緊密に融合された。だが、自国人民との結合が出現しただけではなかった。赤軍兵士は、ロシア・ソヴィエト共和国のためにも、並びに、社会主義の大業のため、諸国人民の兄弟的団結のためにも、生命と力を惜しまない、と誓約した。このように誓約文では言われている。そして、これらの言葉は赤軍の本質を開示している。それは社会主義の軍隊であり、ただたんにロシア革命の要塞であるにとどまらず、また、世界革命の砦である。その旗には万国人民の解放が掲げられている。

五月一日、国際プロレタリアの祝日、労働の祭日に、モスクワのソヴィエト連隊の祝賀パレードの場で、この誓約が宣誓された。このパレードは示した、プロレタリアートは、六カ月にわたる政権掌握の後に、軍隊建設において著しい成功を収めたことを。固く隊伍を整えて、連隊と労働者縦隊とは行進した。見物のブルジョアジーは、悪意に満ちたひそひそ話を言いえただけであった。ただ同日、二つの大隊が勝手にパレードを放棄した。これは――それ自身は取るに足らないことだが――ある観点では重大であった。なぜならそれは、規律と階級意識とに欠陥があることを証拠立てていたから。赤軍兵士の階級意識を高揚し、彼らを正真正銘の共産主義兵士に改造するために（なぜなら、かかるものとしてのみ彼らは社会主義の兵士であったのだから）、各人民委員部に宣伝のための特別部隊が付け加えられた。それが担当した任務は、赤軍兵士に、ソヴィエト権力の本質、内戦の本質、共産党（ボリシェヴィキ）の目標などを説明し、総じて軍隊と労働者とに関連のある一切の問題を論じることであった。だが任命さるべき指揮官が兵士に有害な影響を及ぼしえないように、政治コミサールによる監視と並んで、軍事人民委員部に「査定委員会」が設置され、これは空席の司令部の各部署のための候補者リストを作製する義務があり、また候補者に関してもたらされる一切の申告を受け取った。かくて、ある士官に対して、当局あるいは市民の側から異議が申し立てられた場合には、当該委員会は、調査後、その申告が正しいと証明された場合、問題の候補者を排斥する権限があった。政治軍事コミサールの活動を、統制・指導・統括する目的で、全露軍事コミサール・ビューローが設立された。次第に、軍隊内でも、共産主義的集団労働が実を結び始め、文化上の啓蒙活動が現われた。劇場、クラブが開設され、講演が催され、集会がもたれ、コンサートが実行され、図書が普及された。

義務制軍事教練に関する布告を実現するために、一九一八年五月七日、人民委員部命令に基づいて、兵学校行政部に特別部が設立され、これは間もなく最も大きく最も重要な官庁の一つになった。軍事教練は、当初は容易ならぬ障害に遭遇したが、良好に進捗した。主要な障害――これは強制的徴兵の公示後に一層増大した――は、階級意識に劣る農民の一部に発する抵抗であった。農民階級は富裕農民層の影響下にあった。反ソヴィエトの煽動を、反動的僧侶や都市から逃亡してきたブルジョアジーが行なっていた。加えて、農民は、多くの措置――例えば、土地の社会化、余剰穀物の徴発――を全く誤って理解していた。だが、わけても最も重要であったのは、彼らが、以前の戦争と現在の戦争＝内戦との相違を把握せず、内戦の不可避性を洞察しなかったことである。そして後になって初めて、すなわちドン流域、ウクライナ、ヴォルガ流域、シベリアなどなどにおいて、チェコスロヴァキア兵や白衛兵の軛のもとに置かれた生活がいかなる様相を呈するかを農民が経験した後に、その時ようやく彼らは、誰が正しく、誰が彼らの利害を保証していたかに気付いた。さらにまた、諸官庁の不良な組織が、指導的部署にあるものが軍事教練制度を成功的に実現するうえで障害となった。これらはすべてもっともなことで、理解できることだった。軍務はプロレタリアートとその党とにとっては、いかにも完全に疎遠な何かであった。そこではわれわれの大多数はなお新米であり、経験や慣れが欠けていた。

ただ闘争と勝利への、労働者階級の強力な意志、および押し寄せる危機が彼らの義務を果たさせた。南からは、ドイツ帝国主義に支援されて、グラスノフが攻撃を企てた。東部ではヴォルガ流域、ウラル地方、そしてシベリアにおいて、「連合した」ブルジョアジーに欺瞞されたチェコスロヴァキア兵団の反乱が現われた。五月二二日、全露中央執行委員会は、勤労住民の一部年齢層を召集する命令を発した。これに応じて、モスクワとペトログラードとでは、一八九六年―九七年に誕生した年齢層の労働者が召集された。ウラル地方でも、同様にして動員が行なわれた。全体として、ソヴィエト・ロシアは六月末に大略三〇万人の軍隊を擁していた。だが、それは未だ非常に弱体であった。われわれは攻撃に対する準備ができていなかった。チェコスロヴァキア兵の突撃はわれわれの不意をうった。

われわれは弱かった。そして、ソヴィエト・ロシアは、一つまた一つと、都市・農村を失ない、敵の手に全県を委ねた。後方では、モスクワその他の都市で、左翼社会革命党員――このバカ者――が労農権力に対して反乱を惹き起こし、またドイツ大使ミルバッハの殺害によって、ロシアをドイツとの新たな戦争の瀬戸際に引きずりこんだ。ただドイツの弱さと自国労働者に対するドイツ政府の恐れのみが、衝突にいたるのを妨げた。われわれは退却した。ブルジョアジーは小おどりして喜んだ。一九一八年夏、状況はかかるものであった。

われわれは、シベリア、エカテリンブルク、サマラ、ウファー、オレンブルク、シンビルスク、シスラン、その他の諸都市を失なった。ヴォルガの上流全域は革命の敵の掌中にあった。ヤロスラヴリその他の諸都市に、そしてまた農村部においても、反乱の炎が燃え上がった。国際帝国主義の手先は、軍隊と主要都市とを食料品・武器供給・増援から遮断するために、国の内部に騒擾の種を蒔き、ソヴィエト指導者の買収を企て、橋梁爆破・鉄道転覆を準備した。また、彼らはプロレタリアートの指導者に刺客を送り出した。社会主義の勇敢で熱烈な前衛のヴォロダルスキーは、ペトログラードで裏切り的な仕方で命を奪われたが、これと同様に、一連の最愛・最良の同志たちが地方で殺害された。

状況は困難であった。軍隊はますます後退し、ついに八月の六、七日、カザンもチェコスロヴァキア兵と白衛兵とに奪われるにいたった。今や彼らの前途には、ロシアの赤い心臓＝モスクワへの道が開かれたように見えた。共和国、革命、人民は死の危険に瀕していた。

3　危機　赤軍の攻勢

われわれの敵の締め具はますますきつくしめられ、彼らはこれによってソヴィエト・ロシアの絞殺を期待した。だが彼らは誤算していた。カザン喪失はわれわれの失敗の連鎖の最後の環となった。ここにおいて敵の攻勢は終わり、その瞬間にわれわれの攻勢が始まった。

押し寄せる危険の知らせは、あたかも警鐘の音のように、全国を決起させた。労働者は軍隊に入り、高遠な目標を完全に自覚して、戦闘に赴いた。貧農委員会導入の後、ソヴィエト権力が現実的にすべての貧しく困窮した者の権力であるのを洞察した農民階級は、ウラル地方で、ヴォルガ流域で、そして白軍が勝利したところではどこでも、土地が大土地所有者に返還され、ムジークが得たものはむちであったのを経験した。これらの農民たちの間に、漸次、現在の内戦、すなわち内外のブルジョアジーに対する闘争は、全勤労者の義務である、との認識が広がり始めた。彼らは、彼らの利用できる全手段を挙げて、赤軍を支援し始めた。同時に、共産党は多数の党員を前線に派遣した。コミュニストは煽動を行ない、軍隊内に党員グループを創出しただけではなかった、彼らは他の兵士と一緒に、そしてその先頭に立って戦場に進んだ。この方法で軍は、新鮮な深い階級意識に満ちた勢力の流入を得た。コミュニストの活躍は、すでに彼らが軍の隊列中におり、最先頭に立っていることだけでも、有力な意義を持っていた。コミュニストは軍の精神と戦闘能力とを高めた。彼らは行政組織を改善し、指揮官に対する厳格な監督を行ない、あらゆる臆病、種々の反革命的要素と容赦なく闘った。この後、補給――給養と軍備――は改善された。義務的軍事教練に関する布告の発令時点から三、四カ月内に、軍隊の確立・拡大のための有力な仕事が遂行されたのである。

カザン明け渡しの数日後、早くも赤軍部隊は同市を漸次包囲し始めた。八月三〇日、プロレタリアートの指導者の一人＝同志ウリツキーが殺害された。同日の晩、レーニンは背後からの卑劣な銃弾によって負傷した。同志レーニンへの暗殺行動は、われわれの敵の無力さの標徴であった。彼は一命を取りとめた。だが、この犯罪は、暗殺者に対する憤怒の嵐を国内に捲き起こした。だが赤軍は労働者階級の軍隊にふさわしい返報をした。赤軍は敵に向かって攻撃に出たのである。数日後カザンは奪還され、その後、即刻赤軍は逃亡する白衛兵に踵を接してシンビルスクに進入した。

攻勢は開始された。それは、あるいは敏速に、あるいは躊躇を伴なって進んだ。いかにも的外れの攻撃もあったが、それでも以前のごとく不断の敗北ではなくて、戦闘の展開の中におけるたんなる偶然事であった。シスランはわれわれの手に落ちた――憲法制定議会の反革命的メンバーの巣が占領されたのである。ヴォルガ地方からは白衛兵が一掃され、ヴォルガは今や再び、同志トロツキーが表現したように「誠実なソヴィエトの流れ」になった。そしてまた、カマのほぼ全地方も同様であった。南部戦線のツァーリツィン、ヴォロネジから接近してきたコサックは駆逐された。北部では、英米勢力が、何ら本質的成果もあげないで、食い止められた。最後に、二月末、ウファーも征服された。オレンブルクの運命は定まった。

ヴォルガ地方からの白衛兵の駆逐は、三重の意味を持った。第一に、これによってわれわれは直接的危険を脱した。次いで、穀物その他の生産物をヴォルガ地方から飢えた主要都市に調達する可能性が生じた（一九一七年の資料に依れば、ロシアの穀物生産地――ウクライナ、シベリア、カフカース、ヴォルガ地方などなど

——では、通常的消費を越える余剰穀物は、総計八億プード〔一プード＝一六キログラム〕の巨大な量にのぼっていた。この余剰——これはヴォルガ地方では例えばウクライナよりもわずかではあったが——の一部だけでもモスクワ、ペトログラードの消費を豊富に賄えたであろう）。鉄道施設の混乱によって大量輸送の可能性は奪われていた、これにはなお、ヴォルガはじきに氷結し、航行が停止した——との事情が付け加わった。それにもかかわらず、一定量の穀物を国の中心部に供給するのに成功した。だが春には、輸送量は確実に増加するであろう。

最後に、赤軍の勝利は、軍隊内の精神と気分を高揚させ、また国中を力づけ鼓舞した、という重要な意味があった。赤軍は示した、それが勝利することができ、勝利することを欲し、勝利することを知っていたことを。独仏のプロレタリアートは、赤軍の戦果の報道を感激して迎えた。だが、このことは、全勤労者の解放の時が、資本主義的恣意の圧力によって、より早められることの予告であった。だがブルジョアジーはソヴィエト部隊の前進・攻撃を憎悪に満ちて誹謗した。敵に賞讃されるのは兵士にとって最上の報いである、と言われている。われわれはブルジョアジーの賞讃を要しないが、それでも、赤軍に対するブルジョアジーの変化した立場＝当初軽蔑的な、今では畏怖した立場＝は以下の判然たる標徴である——わが軍は革命の敵が勘定に入れざるをえない武力であり、のみならず敵が恐怖する軍隊である。それゆえ、ソヴィエト軍隊の作戦と強さとが、ドイツおよび連合国のブルジョアジーによって承認されることは、われわれにとっても意義深いのである。

すでに一九一九年八月、英軍がオネガ流域と北部ドヴィナ流域で撃破された時、ドイツのある新聞は赤軍の強大化を報じた。とは言っても、当時、この強大化はようやく生成途上にあった。だが、赤軍がチェコスロヴァキア兵を駆逐し、ソヴィエト・ロシアを速かに征服するという帝国主義者の夢が潰え去った時、彼らの金銭づくの新聞は心を痛め歯を軋らせて認めなければならなかった――赤軍は冗談を少しも解さず、人は赤軍を脅威とするに足る武力として勘定に入れねばならないと。一〇月に『ロンドン・タイムズ』は書いた、「モスクワとペトログラードには正規軍部隊が姿を現わし、それは街路を行進し、広場で演習を催している。これらの兵士は、衣服・武器の装備が良好で、強健な外観を有している。見たところ、正規軍を創設するソヴィエト政府の努力はその目標を達成した。この軍隊は四〇万人の兵力であり、彼らは、程度のいかんはあれ、規律に服し、軍事教練を完了する用意があるように見える」と。『ベルリン・ローカル・アンツァイガー』は、一層明確に表現して、「ボリシェヴィズムは過去半年間に強力な敵になった」と書いている。赤軍は、このドイツの通信員の意見によると、「重大な軍隊」であり「それは良好に装備され、才能に恵まれた指導者を持ち、鉄の意志と容易に理解できる理念とに導かれている」。ソヴィエト軍隊は強くなった。

一人のブルジョア新聞多弁家のこの告白は、極めて注目に値する。なぜなら、かかることを報道するのは独英の利害に全く反していたが、それにもかかわらず、これは、自国の労働者にもっぱら良い例を与えただけだったのだから。とは言っても、事実の隠蔽は不可能であった。これらの言葉からは驚愕と荒々しい憂悶とが聞き取れる、すなわち、赤軍部隊は、それを片付けようとする者が自国労働者の背後からの攻撃を覚悟せねばならないがために、一層強力になり得たのである。以前は資本家の間にただ嘲笑を呼び起こしただけの赤軍は、今では彼らの新聞記者たちが、ベルリンの一新聞のモスクワ通信員が書いたような言葉を発する誘因を与えた。すなわち、「ヴォルガ流域の成功は、われわれが優秀な防衛軍を相手にせねばならないことを、明瞭に示した。赤軍は万国の旧軍隊の犠牲によって力を獲得している」と。

この最後の記述は完全に正当である。そして、各国帝国主義軍隊はますます解体し、ツァーリ軍においても同様であったにもかかわらず、逆に、赤軍は強力になった。われわれの武力は権力である。敵の弱さはこれもまたわれわれの力である。革命は二重の方向に二重の力で強くなる。この同じドイツのジャーナリストはこう書いている。「ヨーロッパが荒廃の地に変わっていけばいくほど、ボリシェヴィズム勝利の好機会はますます多くなり、世界革命の可能性は一層直接的になる」と。われわれがこの記事を読む時、われわれは、ただ次のように言えるのみだ、――このドイツ市民はまったくの馬鹿ではないぞ、と。

4　赤軍と帝国主義に欺瞞された兵士

もし万国人民が、赤軍は彼らに解放をもたらすのだと洞察するならば、彼らは決して赤軍の敵に一兵たりとも差し出されることはない。しかし、赤軍の敵になるような兵士が現にいるのだ。プロレタリアートが窮極的に覚醒し立ち上がる時は近い、そして時々刻々と近づいている。しかし、未だその時の鐘は鳴ってはいない。人民大衆の一部はなお相変らずその抑圧者にしがみつき、己の課題を認識せず、あるいは、これを今ただちに実現する決心がついていない。それゆえ、ソヴィエト・ロシアに兵士を派兵するのがブルジョアジーにとってなお可能であり、ソヴィエト権力に対して、将校や白衛兵の一団のみならず、ロシア人と全く同様なプロレタリアも戦っている。赤軍は、その前進の途上ここかしこで、欺瞞された兵士の部隊――たとえばチェコスロヴァキア兵、あるいは資産のないコサック――と衝突するのを余儀なくされている。北部ではそれはイギリス兵であり、西部ではドイツ兵――これはなお時おり抵抗を行なっている

——である。とくにドイツ将校は、嘘の事実のでっちあげと挑発とによって、赤軍兵士とドイツ部隊との間に衝突が生じる原因を創り出そうと絶えず努力している。だが、概してそれが成功するのはまれである。なぜなら、ドイツにおいても革命の炎は激しく燃えているのだから。だが、チェコスロヴァキア兵、コサック兵、イギリス兵は（彼らは往々、われわれの側に加担するにもかかわらず）ソヴィエト・ロシアに対する内外ブルジョアジーの闘争になお相変らず参加している。彼らは、そうすることによって、まさに自分自身に対して戦っていることを察知していないのだ。

だがロシア・プロレタリアートは知っている。これらの兵士は仇敵ではなくて、たんに偶然的で一時的な相手であり、彼らは欺かれているのだと。それゆえ、ソヴィエト権力は、一方、全世界人民に向けて小冊子や呼びかけを発して、——それが勤労者の権力であり、各国人民は、もし奴隷たることを止めるのを欲するならば、己の掌中に政府を握らねばならない——と彼らに説明する努力を行なっている。他方、赤軍は、ブルジョアジーの嘘・瞞着の犠牲者である兵士との遭遇に際して、彼らと提携しようと努力している。

赤軍航空兵は、敵の塹壕と隣接の後方地とにビラを投下する。ソヴィエト部隊に投じ、赤軍中の同志・兄弟に対する戦闘を停止するようにとの呼びかけは、その地の住民の手で兵士たちに配られる。さらに、捕虜に対する赤軍の処遇は、労働者階級の敵に欺かれた犠牲者が取り扱われるべき法に則っている。捕虜は殺されたりせず、また飢える必要がなく、身ぐるみ剥がされはしない——だが反対に帝国主義戦争では、そうされるのが常なのである。赤軍兵士は、彼らに事の現実的状態を解き明かす、するとほどなく捕虜は武器を手にして赤軍に与する。このようなことは、すでに非常にしばしば生じた。赤色指揮官は、捕虜に残忍な仕打ちが加えられないように、厳重に注意する。だから、オーストリア＝ハンガリーにおける革命の初めに、人民委員トロツキーは、赤軍へのある命令の中で、なかんずく、以下のように述べた、「英仏露の帝国主義者に裏切られ売り渡されたチェコスロヴァキア兵が、彼らの救いはロシアのソヴィエト権力との同盟にあることを理解せねばならない時が来た」と。さらに同志トロツキーは、捕虜になったチェコスロヴァキア農民を大切に扱い、ソヴィエト・ロシアとその軍隊は彼らの敵ではなく友であることを納得させせよ、と命令した。

このチェコスロヴァキア農民と、同様に欺かれたコサックとの多くは、われわれの側に歩み寄った。そして、彼らの解放と各国人民の解放とを目指して、赤軍と手を組んで闘うために、なお歩み寄っている。これはまったく理解にかたくない。労働者・農民は、旋盤と鍬のもとに留まっている者も、カーキ色の前線服をつけた者も、眼から鱗が落ちたように物が見え出した。霧は散り、さまざまの国の勤労者を分かっていた相互誤解と不信との暗雲は飛び去る。

雲は消え、陽光が赤軍の銃剣の中で光る。遠からず太陽は全世界の上に輝くであろう。

〔三〕赤軍の力はどこに存するか

1　軍隊と人民

一般軍事教練担当局の会議の席で、一九一八年一二月末、同志トロツキーは、軍隊に関して「社会主義的民主主義の偉大な理念は、軍隊を人民から分離させず、むしろそれを人民と同化させ、重労働に従う者と武器を持つ者との間に横たわる溝に橋を架ける点に存する」と述べた。この溝は革命前の軍隊には存在したし、どの帝国主義軍隊にも存在している。なぜなら、そこでは兵士の武器はいつでも労働者・農民に対して発射される用意があり、しかも、繰り返しこれはなされたのだから。

ソヴィエト共和国ではこの種のことは存在しない。赤軍兵士になった労働者ないし農民は、仕事や耕地に留まる残余の勤労者との連関を決して失わない。赤色兵士は、武装したプロレタリアであり、ただ人民の敵にとってのみ、彼の忠実なプロレタリア的武器は恐怖となる。彼は勤労人民の防衛者であり、人民はこれを知っていて赤軍を尊重する。なぜならば赤軍は要するに人民にとって己の軍隊なのだ。人民と赤軍との両者は、共通の敵＝ブルジョアジーを持ち、共通の目標＝自由、社会主義を持ち、革命を母としている。ここには不和はない。軍隊と人民とは一つの全体である。家に残った者は、赤き安寧を目指して出征する者の必要に、全心魂を傾注して配慮する。人民と軍隊、国内と前線は等しい願望に満たされ、喜びと悲しみを共にする。プロレタリアと赤色兵士の心臓はともに鳴る。

2　前線と銃後との結合

赤軍部隊の成功を保証するものはかかる一致融合に存する。団結の意識は、時に非常に困難な条件のもとで戦っている兵士に、彼らは孤立しておらず、国には類縁の者を残してきたことを想起させるので、兵士たちにとって価値がある。しかしそれだけではない。軍隊と人民との団結は、また、前線と銃後との結合――たんに精神的であるだけでなく実質的でもある結合――を維持するうえでも、有力な意義がある。もし、軍隊が、人々が軍隊のために心を砕いている点に確信を持たず、ある日、武器にもパンにもこと欠くことになりはしないかと不安を抱いているならば、一体その時、軍隊には戦闘し勝利する意志がどうして徹底しえようか。断じて否。その時には、軍隊は、残余の国民から切り離され、見捨てられていると感じ、それが行なっている戦争は人民に疎遠であるのを確信する。ツァーリ軍隊ではそうであった。

旧軍隊では、司令部は、軍隊がすべての必要物を補給されているかどうかに、格別の配慮を払わなかった。今や全人民が、彼らの防衛者が飢えと不足とに苦しまないように、気を配っている。主要都市やほとんどいたるところで、栄養不良が支配し、食料品その他の日用品が大々的に不足している。だが軍隊では著しく良好である。例えば、後方では労働者が半ポンドないし四分の一ポンドのパンを得ているのに対し、前線の人間は二ポンド受け取る、万事この調子である。プロレタリアートは赤軍に一切を差し出す用意がある。そして、これを知っている赤色兵士は、それだけ一層元気に決然として前進する。そのうえ、工場や仕事場、各地の村、都市、これらが入れ替わり立ち替わり慰問品を軍隊に送る。帝国主義戦争中、兵士の親類や種々の施設も若干の慰問品を送った。だがそれはとんでもない代物だった。帝国が兵士に種々の物品を送ったのは、兵士がたんに大砲の餌食にすぎないことを忘れさせるためであった。親類や友人が前線の息子や兄弟に贈り物をしたのは、兵士の半ば飢餓に瀕した悲しい存在を少なくとも幾分は緩和し、遠からぬ死――他人の貪欲の犠牲としての死――の戦慄を念頭から払いのけさせるためであった。だが今では、兵士の革命精神を維持し、兵士が一人ではないことを想い起こさせるために、プロレタリアは赤色兵士に贈り物を送るのである。そして、赤色共和国の赤軍に対する贈り物は「赤い贈り物」と呼ばれている。

他方、前線も後方を忘れてはいけない。軍隊がその血を後に残された者たちのために流すだけでは十分ではない。前線から、全車輛が食料品を積んで後方に、赤い主要都市にしばしば向かう。かくて、一二月二四日、第一〇軍（南部戦線）の兵站長官は全露執行委員会議長＝同志スヴェルドロフに電報を送った、「軍隊作業場で第一軍兵站司令部の物資を用いて製作された現存予備品の中から、軍隊に支障が生じることなしに、住民へ分配するために全露執行委員会宛以下の生産物を送付するのが可能である」と。この後には送付に向けられた物品の目録が続いている。その目録の後に続いて、「現在の必要に照らせば、われわれの意図せる送付が焼け石に水であることを察知しながらも、これを第一〇軍の無私の戦士からのモスクワ労働者への贈り物として受け取られんことを切望するものである」と言われている。だが、これは断じて唯一の事例というわけではないのである。

「一切を前線に」ソヴィエト共和国ではかく、呼号されている。実際、前線で革命の運命は決するのだ。他方、軍隊は、深い感謝と自らの戦果、共通の敵に対する戦勝をもってこれに応える。もし、人民と軍隊が、緊密で引き裂きえない絆で、互いに結び合わされていないならば、この種のことは全く不可能であろう。前線と後方との結合は純粋に外的・表面的であり、容易に引き裂かれうるだろう。だが、ソヴィエト共和国においては、この結合は堅固であり永続的である。軍隊とプロレタリアートは、二度と再び奴隷化されないために、勝利を目指す共通の努力において連携した。一方は旋盤に向かい扶養を担い、他方は武器を持ち機関銃について、両者共に、等しく勝利への意志と勝利への確信とに貫かれて、自己と他の諸国人民の自由を戦い取る。

3　赤色司令官

前線と銃後との結合は、ソヴィエト部隊の戦果に多大な貢献をする。だが、その中にのみ赤軍の力が探究されてはならない。プロレタリア軍は、その内部の団結によって、それがその大衆の中で一つの統一的全体をなしていることによって、強力なのである。軍隊内部のこの内的結合は、赤色兵士相互のあらゆる関係に際して露呈する緊密な戦友精神に現われているだけではなく、赤色兵士と司令官との間に存在する理解と尊敬にも現われている。ブルジョア的軍隊では、かかる事態は考えられない。なぜなら、そこでは兵士は被抑圧階級たる農民・労働者の代表であるのに対して、将校は支配的層の一員であるからである。上官と部下とは互いに敵である。以前には、将校と兵士とは、よしんば相互的接近を願う気持ちが存在した場合にすら、常に異なった言語を話し、互いに理解せず、互いに信頼しなかった。

プロレタリア軍隊では徹底的にこれとは異なる。なるほどその中には旧軍隊の多数の将校が勤務している。だが、これによって事柄の本質は変わらない。

第一に、これらの将校の多くはソヴィエト権力存続の事実に満足し、その理念に親しんだ。一年間に他に多くのことが生じた。よしんば、すべての将校がそうではないとしても、多くの将校の政治観もが根本的な変化をとげた。これが彼らが赤軍に忠実に勤務するのを可能にする。もちろん、彼らの中にも裏切り者や卑劣漢がおり、この連中は機会さえあればすぐにも敵方に駆け込む。けれどもその数はわずかであり、良心的な者が優勢な大衆の中では微々たるものになる。しかも、赤色兵士は誰でも、あれこれの士官を信頼しない根拠がある場合には、政治指導軍事コミサールに調査を提議することができ、さらに必要なら有罪者の免職と処罰とを要求できる。

だが、赤軍はすでに自己に固有の革命的将校をも擁している。旧兵学校でも、新設の兵学校でも、農民・労働者が教練を受けている。これらの学校からすでに数千の赤色指揮官が巣立ち、その数は不断に増加している。また往々にして旧下士官や兵士が将校に養成された。日々にプロレタリア将校の数が増大している。

ソヴィエト軍隊の指導的地位の全体系は、プロレタリア国家の精神に対応している。大隊長、連隊長、師団長などなどと並んで、政治指導コミサールが存在する。政治指導コミサールは、部隊の勤務外生活の一切を指導する。また、彼らは、もちろん彼らの本来の活動を怠ることなく、軍事上、経済上の配備のすべての細目に立ち入る義務を負っている。彼らは革命の「眼と耳」である。軍隊の頂点には「軍事革命会議《ソヴィエト》」が立ち、その現員は一人の司令官と二人のコミサールから構成されている。前線ソヴィエトには三ないし五人のコミサールが属している。共和国の全武装兵力の指導一般は、同志トロツキーを議長とし同志ヴァツェチスを総司令官（軍事指導）とする革命軍事会議《ソヴィエト》に属する。（原注）

（原注）一九一八年一二月に軍事上、民事上もっとも広範な権限をもつ「国防会議」が創設された。その議長はレーニンである。

この方法で全司令部幕僚が革命的指導の支配下に置かれる。赤色司令官と赤色兵士との関係は、プロレタリア体制の原則と革命的防衛の課題とに完璧に合致する。上官も部下もともに勤労者階級に属している。彼らは共通の敵すなわち資本家、ブルジョアジーをもっている。共通の意志が司令官と兵士とを導いている。すなわち勝利への意志が。戦闘の中では無論赤色兵士はその上官に従属する。だが、それは旧軍隊における死体のごとく硬直した服従ではなく、戦友としての洞察に由来し、革命の防衛・安定は各人一人ひとりに犠牲、克己、完璧の秩序を要求することを十分了解したうえでの服従である。しかし、休養期間中や勤務外では、赤色兵士と司令官とは同僚である。

旧軍隊では将校と「下っ端」とが存在した。今ではより古参の同志と、彼に導かれる赤色兵士とが存在している。将校と兵士との間には溝は存在しない。兵士が指揮官に従うときに、彼はプロレタリアートの意志に従っているのだ。だが、かつては兵士は敵階級の意志に導かれた。それらの間にはいかなる同盟も存立しえなかった。それは敵対関係であり、最良の場合でも、完全の極に達した無関心であった。これに反し、赤軍にあっては、すべての部分が一つの意志に貫かれ、等しい努力と相互的理解との絆で結び合わされている。各部分はことごとくすべて人民意志の執行者である。赤色兵士と司令官とは、永続的な鉄鎖の、だが重荷ではないところの鉄鎖の分肢であるにすぎず、この鉄鎖によって革命的思想が革命的プロレタリアートに合体されているのである。彼らはいかなる区別標徴もつけず、肩章、種類の異なる帽章・ヘルメット紋章などを身に帯びていない。彼らは精神・服装において同権であり、ただ一つの外面的記章として赤軍の星（勝利的革命の導きの星）をつけている。

4　赤軍――プロレタリアートの階級軍

軍隊内部のかかる一致団結には、社会主義国家の全体制が反映している。そこでは、奴隷と支配主がおらず、万人は平等であり、国家権力、政府、当局機関は勤労大衆の意志の執行者である。何のために赤軍は設立されるのか。革命の防衛、プロレタリアートの勝利の防衛のため、新しい世界の建設のためである。赤軍は何から構成されるか。圧倒的大多数は労働者・農民からである。誰がこの軍隊を創出したか、誰がそれを新しい力で補完するか、誰がそれの物質的現存と精神的高揚とを担うのか。プロレタリアートが、である。かくして赤軍は、その存在と活動との目標から見ても、その構成から見ても、それを創出した階級から見ても——どの関連においても階級軍でありプロレタリアートの軍である。最後に、赤軍はそれが行なう戦闘の種類によっても階級軍である。他のすべての軍隊と同じく、赤軍は権力を有する特定住民層の道具である。だが権力はプロレタリアートのもとにある。だが、労働者階級と無産の農民階級とが参加する闘争は、階級闘争であったし、階級闘争である。

　持てる者と貧しい者との間の闘争は太古の時代以来存在している。この闘争は、ある時はその鬨《とき》の声が遠い雷鳴のように低く不明瞭に響き、日常生活の単調な喧騒の中に押し入ったかと思うと、ある時は不意に奔流となって尖鋭な流血的衝突の中に注ぎ込んだ。それは時とともにますます苛烈になった。資本主義によって生み出されたプロレタリアートはなお一層成長し、ますます強力になった。漸次戦場から中間層が姿を消していった。中小産業は大経営の前に席を譲った。大土地所有者は破産するか、さもなくば資本家になった。農民階級は窮乏化し、その内部から次々と新たなプロレタリアを分泌した。貴族体制の廃墟の中からますます明瞭に二つの階級が歩み出てきた。資本家とプロレタリアートが。この二つの敵はいかなる平和も識らず、互いに和解しなかった。その一方は没落を運命づけられていた。だがどちらがそれであったか。資本家・工場主・銀行支配主か。誰も労働者なしにはやっていけない。プロレタリアートの没落は人類の没落を意味するだろう。そうなることは不可能である。プロレタリアートの中には強力な創造的力が潜んでいるが、ブルジョアジーはその自己分解によって全世界を衰退に導く。より正確に言えば、「導く」ではなくて「導いた」だ。なぜならばブルジョアジーの終末が到来したのだからである。

この終わりの始まりはロシア・プロレタリアートによってもたらされた。どのプロレタリアートよりもはなはだしく苦しんできたロシア・プロレタリアートが、最初に抑圧者の軛を振るい落とした。それは遠い過去以来の闘争の中でついに勝利を獲得した。そして自分の支配下にある全手段を挙げて、この勝利を堅固なものにする。プロレタリアートはそのような手段を大量にもっている。その一つは武装防衛、武装闘争である。それはもはや以前の、武器のない、または乏しい武器による闘争ではない。革命はプロレタリアートに武器を与えた。それはまた軍事的に未経験で小規模な労働者縦隊の、爪の先まで完全武装した政府部隊との衝突でもない。今や、それは現実の戦争であり、戦闘に加わっている各党派はことごとく軍隊を擁している。

だが、赤軍は帝国主義者の軍勢とは全く異なったものである。赤軍に対して戦っているのは誰か、進撃する赤軍が遭遇するのは誰か。第一にそれは将校団と白衛兵である。これらはいかにもロシア・プロレタリアートに対する灼熱の憎悪に貫かれてはいる。だが彼らは憶病であり、「高貴に」兵士の背後から進むことを常とし、戦闘するのではなく指揮を執るのが、実行するのではなく命令するのが習いである。次いでチェコスロヴァキア兵。彼らは優秀な兵士である。また彼らは彼らを迷わしていた帝国主義者を信用して、ソヴィエト・ロシアが彼らをドイツ勢力に売り渡したと信じていた限りは、よく戦った。だが、今では彼らは賢くなり、われわれの側に投じるか、さもなくば戦うのを拒否している。コサックはいかに。確かにコサックは当初赤軍に向かって進撃した。なぜか。コサック首領《アタマン》と富裕コサックが、ソヴィエト権力はコサックを略奪せんと欲している、と吹き込んだからだ。今では彼らも真実を認識した。そして一連隊また一連隊と労働者・農民の側に移っている。ただ将校と富裕なコサックのみが戦いを続けている。だが彼らはじきに己の強情を後悔するであろう。

英仏両政府は、ソヴィエト権力に終止符をうちたいという彼らの切なる願望にもかかわらず、比較的大部隊の出兵分担はできないでいる。派遣されたわずかの兵士も、今や次第に迷いから解放されている。それゆえ今やアルジェリア歩兵《ズアーブ》、セネガル兵、ズールー兵、アラブ兵――黒人と銅色人がソヴィエト・ロシアに対して差し向けられねばならない。だが白人ヨーロッパ兵は、われわれに対して断じて戦わないであろう。(原注) 何となれば彼らもわれわれと等しく労働者なのだから。われわれロシア・プロレタリアの手中に権力があるのだから。

(原注) 黒人、有色人部隊が赤軍に対して戦うのを拒否した事例もすでに現われた。

これら諸政府が一を欲するとすれば、その兵士たちはこれとは別の何かを欲する。両者の目標はけわしく食い違う。帝国主義各軍隊は勤労者から構成されている。だが他方それらを支配する権力、軍隊の操縦桿は、国家の操縦桿と等しくこの勤労者の永遠の敵たる支配階級のものである。われわれはここに尖鋭な根本的矛盾を看取する。階級対立と階級闘争は、あらゆる国で例外なしに刻一刻と強烈化している。しかるに軍隊は相変らず同一物である。軍隊は少数部分に従属する。しかも日ごとに弱体になり地盤を失なっている少数部分に従属している。かかる軍隊はたんなる人工的構造物であるにすぎない。すなわち個々の部分が内的関連なしにごった混ぜにされた結合物であるにすぎない。それは、人が数百万のえんどう豆を掴んで、きちんと秩序立てられたまっすぐの列に並べたさまを思わせる。一見、すべては非常に良好で美しく見える。だが突風が一吹きするや、たちまち全部転がって目茶目茶になる。だが革命の嵐は強力であって、その衝撃はすでに感じられる。

これに反し、赤軍は内的に結合された集団である。労働者は、彼らの労働、共通の貧困、共通の闘争によって合一されている。労働者の「軍隊」は常に団結に向かう傾向があった。今や彼らの一部が分離されて武装した軍団になった。だが彼らが武装闘争の継続の間プロレタリアートの一般大衆から分離されたことによって、彼らはその階級の刻印を微塵も変じなかった。反対に、赤軍の兵士になったプロレタリアはそれによって一層明瞭にその階級の課題を認識したのである。彼らの手中には銃があり、その力は彼らのものだ。そして、ただ一人の人間、あるいは一階級全体が自分が力を持っているのを知っている場合には、一層立ち入って以下の問題を取り上げる、すなわち、この力は自分に何をもたらすのか、と。その答えはこうである。力は勝利をもたらし、勝利は権力をもたらす。だが権力の保有はプロレタリアートにとって次のものを意味する。乞食のようなかつかつの生活からの脱出、新しい自由な生存への移行、国土・工場・鉱山・河流の所有、要するに地上に存在するもの、代々の勤労者が生み出したもの、これら一切の所有を意味する。政治的権力やその他の権力は、プロレタリアートが自己階級の努力を実現するのを援助するであろう。権力意識は、プロレタリアートが世界における階級としての己の立場を正確に規定するのを助ける。そしてこの権力の担い手は赤軍であり、これはその出身階級すなわちプロレタリアートと、心身ともに融合している。

かかる階級意識とかかる融合は、プロレタリアの党――共産党――の活動によって非常に促進される。少しも階級意識的でない、あるいはわずかにそうであるにすぎない赤色兵士がなお存在するとしても――

ことに農民出の者に——その数は日ごとに減少している。コミュニストは彼らの間で絶えず宣伝を遂行し、労働者階級と勤労農民一般との目標についても、またわけても内戦の原因と目標とについても、彼らを啓蒙している。どの部隊にも党員グループが存在し、これはコミュニストであるコミサールと共同して政治生活を指導している。かかる党員グループはすべて一つの核であり、そこからは、ちょうど小さな太陽から発するかのように階級意識の放射があらゆる方向に向かって奔出している。それはますます多数の赤色兵士を引き寄せ、誘いよせる核である。軍隊では、何をめぐって戦闘が行なわれているかを知らない兵士の数は、ますます微々たるものになっている。

赤軍は純粋な階級軍である。赤軍は帝国主義軍隊とは異なって、軍人の局限された世界に隔離された閉鎖的な生活を送らない。赤軍は残余のプロレタリアートの生活を生きている。それは全プロレタリアートの武装した先頭部隊である。赤軍はプロレタリアートの肉の肉であり血の血である。まさにそれゆえ赤軍は強力である。プロレタリアートの強力な意志、その創造的力、その経験、未来への（窮極の勝利の可能性と至近性とへの）揺るがぬ確信——これらが赤軍の中に反映し、赤軍を鼓舞している。まさにだから赤軍は一瞬ごとに強くなる。その血管の中には、プロレタリアートの血管の中と同じく、赤い生きた血液が流れている。血と精神との絆は、赤軍をプロレタリアートと合一させる。労働者階級が敗北をこうむり、斃れ、流血の犠牲を払うが、それでも結局は無敵である——その軍隊もこれと同然である。誤りは犯されたし、今も犯されている。失敗はあったし、なおあるだろう。だが、それはますますわずかなものになり、ますます偶然的なものになっている。赤軍（このプロレタリアの階級軍、この労働の戦士たち）の凱旋の行進は確実である。

5　国際赤軍

「春に」とかつて同志レーニンは言った「ソヴィエト・ロシアは三百万の軍隊を持たねばならない」。「そしてそれを持つであろう」と、レーニンは揺るがぬ確信をもって付け加えた。いやしくも世界プロレタリアートの、世界革命の指導者たる者は、間違うことはまれであり、風に向かって空しく言葉を発するのではない。われわれは数百万の戦士を持つだろう。数百年の長きにわたって勤労者は暴力行使者の圧制と格闘した。勤労者が権力を持ち、彼らの掌中に武器があり、プロレタリアートの普遍的勝利が近い今――勤労者は己の固有の権利を防衛するため、今、一人の人間のごとく結束して立ち上がるべきではないのか。

彼らは立ち上がるだろう！

全勤労人民は、三百万と言わず一千万、いな武器があるだけ、万国の腹黒の烏どもに対し、威嚇的城壁として立ち向かうだろう。万国人民はロシア人民の前例に続かねばならない。いたるところでプロレタリアは赤色戦士の幹部《カードル》を形成しなければならない。革命が勝利する暁には、プロレタリアは膨大な装甲艦をもはや必要としない。その建造は鉄鋼王や石炭王を富ますだけだ。またプロレタリアートは潜水艦をもはや必要としない。それは非武装船を撃沈し、罪のない婦人、子供の生命を滅ぼすだけだ。プロレタリアは、何キロにもわたってすべての生物、草や花さえも根絶やしにする有毒ガスを要しない。プロレタリアートは空前の口径をもつ大砲を製造する必要はない。それは都市、図書館、教会を破壊し、壮麗な芸術品を炎の中に焼失させるだけだ。これら人間の野蛮な道具の一切は、ブルジョアジーに発し、己の「文明」を誇る人殺し、この教養ある野蛮人が用いてはいるが、プロレタリアートはこれら一切をもはや必要としないであろう。

小銃だけは、世界中いたるところで権力がプロレタリアのたこだらけの拳に握られた時にも、プロレタリアは自分の手から捨てないであろう。それが小銃を保持するのは以下の理由による。人民が征服した富裕民《ビュルガー》の蛇のような胸の中では、なお長期間、人民に対する狂暴な憤怒が燃えている。また彼らは依然として、彼らの生活のすべてであり彼らの志向のすべてであるもの――利潤！――を取り戻そうとしばしば企てるであろう。だが赤軍が人類のために立って見張るであろう。

ロシア共和国部隊が進出すれば、ただちに被解放地の勤労者が歓呼して、進入してくる解放者を迎えるだけではなく、国際プロレタリアートの苛まれた胸から安堵の吐息がもれる。なぜか。社会主義軍隊が前進する一歩一歩が、世界革命の前進にとっての千歩を意味するからだ。敵の前線の突破は、ことごとく資本主義の防壁に生じる新たな割れ目を意味する。赤軍は自らがただたんにロシアの軍隊であるにとどまらず、インタナショナルな軍隊でもあることを意識し、承知している。またこの点にも赤軍の力は存する。赤軍の隊列の中でチェコ人・ドイツ人・ハンガリー人・中国人・カルムイク人その他の多くの民族の部隊が戦っていることは、ただ贅言を重ねることにすぎないが、それがロシア革命の軍隊でもあるのみならず、世界革命の軍隊であることを力説している。

かつて暗く見通しがたい闇の夜が赤軍の前途に横たわっていた時期があった。背後ではロシアの労働者・農民が旧体制の生き残りと闘っていた。この敵は隠れ家に潜んで、未熟な革命を引き倒そうとしていたのである。革命が勝利を収めた。だがその前途には夜が横たわっていた。ソヴィエト部隊は手探りしながら先に立って進んだ。そしてしばしば多くの赤色兵士の心に疑惑が這い込んだ。すなわち各国人民がわれわれを見捨てるならばどうなるのか？　あるいは、救援が来るのが遅きに失したら、その時はいかに？　と。

今やわれわれは、救援が現われるであろうことを知っている。のみならず救援はすでに途中まで来ている。われわれの前途にある闇は雲散し、ここかしこで炎の輝きによって照らし出される。ドイツ・オーストリア・ハンガリー・ブルガリア革命の薪の山は、赤軍にその行く手を照らす。イギリス、フランスでもプロレタリアートはじっとはしていない。

プロレタリアートはもはや深い眠りを続けない。プロレタリアートの頑固で憤怒に燃え、決意を固めた雄叫びがますます声高に、一層不吉に響き渡る。いたるところから、世界の極遠の隅々から、インド、ルーマニア、中国、アフリカなどのいたるところから、人々の声が響いてくる。世界は間もなくこの人々のものになるだろう。そしてこれらの声は、すべてのトランペットが戦闘の呼びかけとして赤色兵士の心臓に反響するがゆえに一層強く鳴り響く。

そして彼らは前進する。

＊　＊　＊

赤軍は労働者・農民の軍隊である。彼らによって創設され、彼らの意志を執行する。赤軍の中に、プロレタリアートの鉄の意志全体が体現されている。プロレタリアートの勝利、その世界的勝利、これはプロレタリア軍なしには決して確保されえない。

一つのインタナショナルな赤軍が創設されねばならない。またそれは創設されるだろう。ロシアの軍隊はこの巨人的軍隊の萌芽であるにすぎない。

それは解放された人類の見張りに立つであろう。また自由な創造によって幾千倍にも増加した人類の全価値――これは今や普遍的共有財産になるであろう――を守るであろう。それは、資本主義の執拗な軛・絞殺的鉤爪から解放された世界を、その権利と幸福とに対する新たな攻撃から守るであろう。

＊　＊　＊

多分もはや軍隊が必要でなくなる時代、そして拳銃や機関銃や大砲が人類の品位を損う悲しい過去の記念物として博物館に展示される時代が間もなく到来するであろう。しかり、われわれは、じきにそうなることを確信している。

将来はかかるものであろう。

だが、今この瞬間においては、労働者に縛りつけられた鉄鎖がなおガチャガチャ音を立てている。資本主義という獣はなお歯をむきだしている。各国人民はなお抑圧者の軛のもとに呻吟している。かかる瞬間においては、闘い、闘い、また闘うことが要求される。

ロシア・プロレタリアートは強力な奮闘によって己れの鉄鎖を断ち切った。ロシア・プロレタリアートと血と精神において結び付いている赤軍は、もはや典獄が改めて鎖を掛けるのを許さないであろう。

万国のプロレタリアがインタナショナルな赤軍を創出するならば、その時誰が一体そのプロレタリアートを征服できるであろうか？　否、断じてできない。誰も決してできない。

〔本論文は新暦表記によるので、旧暦とは一三日の差がある―訳者〕

労働者＝農民赤軍の組織に関する布告

〔文中〈 〉の中に入っているのは、軍事人民委員部より人民委員会議に提出された原案でレーニンが削除した部分であり、ゴチック体はレーニンが書き加えた部分である――訳者〕

旧軍隊は、〈ブルジョワジーの手中にある階級闘争の〉**勤労者に対するブルジョワジーの階級的抑圧**の道具であった。〈プロレタリアートと貧農への〉**勤労者と被抑圧階級への**権力の移行に伴い、現在のソヴィエト権力の砦となり、〈さらに〉**近い**将来において、〈正規軍を〉**常備軍を**全人民の武装によって取り替えるための礎石となり、ヨーロッパにおける、来たるべき社会主義革命を支援する、新軍隊建設の必要性が生じた。

一

以上を考慮して、人民委員会議は、次に述べる原則にもとづき、「労働者＝農民赤軍」と名づける新軍隊の組織を決議する。

（一）労働者＝農民赤軍は、〈強制や強要によらず、もっぱら志願兵によって編制される〉**勤労者大衆の中のもっとも意識的でかつもっとも組織された分子によって構成される**。

（二）部隊への応募は、一八歳以上のすべてのロシア共和国市民に開かれている。十月革命の成果、ソヴィエト権力、**社会主義**の防衛に、自らの力と自らの生命を捧げうる個々人は、赤軍への入隊を許される。赤軍への入隊には、部隊の委員会あるいはソヴィエト権力を支持する民主主義的な大衆諸組織、党あるいは労働組合の諸組織、あるいは、すくなくとも、これらの組織の二人のメンバーによる推薦が必要とされる。

部隊全体が入隊する場合には、全員の連帯保証と記名投票が要求される。

二

（一）労働者＝農民赤軍の戦士は完全に国費によって扶養されるほか、月額五〇ルーブル〈以上〉の支給を受ける。

（二）赤軍〈志願兵〉**兵士**がかつて扶養していた〈幼児、妻および〉労働能力をもたない家族は、**ソヴィエト権力の地方機関の決定にしたがい**、地方消費基準に応じて、〈現物で暖房と照明つきの部屋、衣服、靴、パン、バター、その他の製品を受領し、そのような基準の存在しない地方では、軍隊の地方給与基準に応じ、また住民が食料品を必要としない村では、食料品給与の形態に替って、農業経営に必要な金属製品と織物が支給される。

註　赤軍兵士の家族は無料で医療援助をうけることができる。〉**一切の必需品を保障される**。

三

労働者＝農民赤軍の最高指導機関は人民委員会議である。軍の直接の指導と管理は、軍事人民委員部とその内部に設けられた特別な全ロシア協議会に集中される。

人民委員会議議長　ヴェ・ウリヤーノフ（レーニン）

最高総司令官　エヌ・クルイレンコ

陸海軍人民委員　ドゥイベンコ、ポドヴォーイスキー

人民委員　プロシヤーン、ザトンスキー、シチェインベルク
人民委員会議事務主任　ヴラヂーミル・ボンチ＝ブルエーヴィチ
人民委員会議書記　エヌ・ゴルブノーフ

一九一八年一月十五日

ロシア共産党第八回大会

ロシア共産党第八回大会は、一九一九年三月、内戦の一時的な好転期に開催された。当時、軍事人民委員であったトロツキーの超人的な指導のもとで発展をとげつつあった赤軍に関して、党内では激しい意見の対立があり、党大会はその結着をつける場となったのである。

その対立とは、赤軍の性格規定と、その内部での組織的編成をめぐるものであった。トロツキーたちは、目下の軍事情勢と、新生ソヴィエト・ロシアの経済的・文化的状況のもとでは、強制徴兵制に基づく正規常備軍こそが、赤軍の形態でなければならず、指揮官の任命制、軍事専門家の大胆な利用が導入されるべきだ、と主張した。彼らの主張は、当面の条件のもとでは、という厳密な限定のつくものであり、将来における民兵制度への移行、軍隊内でのプロレタリア民主主義の貫徹については、決して原則をはずれるものではなかった。しかしながら、戦時共産主義に基づく厳しい諸措置を、プロレタリア民主主義からの逸脱とみなし、当面の情勢においても、可能な限り民兵的原則を採用すべきだ、とする軍事反対派は、党大会の席上で、ヴェ・スミルノフによる報告を展開させた。残念ながら、その後の討論は秘密集会に移され、数時間におよぶ激論の記録は、まだ公表されていない。トロツキーのテーゼは、一七四対九五で採択されており、軍事反対派の多さを示している。

戦線にあったトロツキーに代わって報告を行なったグリゴリー・ヤコヴレヴィチ・ソコリニコフ（一八八八―一九三九）は、かつてメジライオンツィに属し、第八回大会当時は、第八方面軍政治コミサールであった。のちに経済分野で業績をあげ、財務人民委員、ゴスプラン副議長などを歴任、右翼反対派として一九三〇年に党中央委員会から除名され、三六年に逮捕、第二次モスクワ裁判で一〇年の刑に処せられ、獄死している。

軍事反対派のウラジミール・スミルノフ（一八八七―一九三七）は、内戦当時、第五軍、第一六軍の軍事革命ソヴィエト委員、二〇年から二一年かけて、労働者反対派の一員として活動した。党反対派として二六年に党より除名、のちに逮捕され、獄死している。

ソコリニコフの報告

議長〔カーメネフ〕　同志ソコリニコフの報告を、傍聴禁止にして聴くという提案を表決に付す。賛成多数で可決された。同志ソコリニコフ、発言を。

ソコリニコフ　同志諸君、一年前には、まさに軍事組織の分野において、もっとも解体が激しかった。一年間を経過した現在、われわれは、軍事建設の分野における組織活動の進歩は、おそらく他の分野において達成された進歩よりも、より一層顕著なものだ、と言うことができる。これは、まったく明らかである。当時、危険は、現在よりも恐るべきものであった。一日、一時間たりとも、逸することができなかった。一分間の損失でさえも、われわれにとって致命的となったからである。それゆえに、軍事活動の分野においては、もっとも急速かつ熱狂的なテンポで、ことが進められたのである。私は諸君を瞞すつもりはないので、以下のように主張はしない。われわれのソヴィエト軍建設という事業においては、現在の事態をまったく平静かつ気楽にながめ、それに完全に満足しうるような成果が、今やわれわれの側で達成されている、と。同志諸君、私は、この党大会において、われわれがなすべきなのは、軍隊の情勢を卒直に究明し、すでに達成されたものをチェックし、むだではなかったし、今後も発展させるべきその情勢を断乎として承認することだ、と思う。他方では、われわれは、より一層の活動に刺激を与えなければならない。

一年前、軍隊が完全に解体し、プロレタリア革命の防衛のためのいかなる軍事組織も存在していなかった時に、ソヴィエト権力は、志願制の軍隊形成に頼った。この時期、内戦のパルチザン的時期においては、こうした志願制軍隊は、明らかにその役割りを果たしたのである。現在、通過した段階としてのこの時期をかえりみて、われわれは、その肯定面と否定面とを考察すべきなのである。その肯定的な側面は、労働者階級の最良の人びとが、そこに参加したことである。彼らは、ドンやウラルへと送り込まれ、プスコフでの最初のパルチザン部隊へ赴いたのである。これら労働者は、系統的に武装されたいかなる反撃組織も存在しなかった時期に、英雄的に死んだのである。パルチザン的時期には、こうした英雄的な人びとや優れた側面と相並んで、悪しき側面も存在した。それは、結局のところ、このパルチザン期に存在した優れた側面を圧倒したのである。最良の人びとは脱落し、戦死し、捕虜となり、かくしてより悪しき分子たちの淘汰がなされたのである。この悪しき分子たちには、闘って死ぬためでなく、失業しているため、また全社会階層の破滅的な混乱の結果、路頭に迷うことになったため、志願制軍に入った者たちが加わった。さらには、旧軍隊のなかば腐敗した残存者たちも、そこに入ったのである。こうした理由で、われわれの軍事組織は兵力を増したのであるが、その増加が、このようなパルチザン主義の根絶を強いたのである。つまり、個々の指導者の周囲に集まった独立の小部隊体制が、その結果であった。この部隊は、結局のところ、闘争とソヴィエト権力や革命の達成物の防衛ではなく、むしろ強盗や掠奪を自らの課題としたのである。それらの部隊は、冒険主義の支柱であったパルチザン部隊へと変化した。諸君は、ムラヴィヨフの話を記憶されていよう〔左翼エスエル。ソヴィエト政権初期に軍事指導者として活躍。反逆行為のため一九一八年処刑〕。まさにこうした冒険主義的分子のなかに、ムラヴィヨフ風叙事詩への数多い候補者を列挙することができよう。それらの分子は、パルチザン戦争のなかから昇進し、ソヴィエト権力の指導のもとでの闘争をではなく、まったくの強盗、掠奪や、ボナパルティズムに従事することを自らの課題としていたのである。とはいえ、こうしたパルチザン軍においては、その最良の面において、さしあたっては実現の可能性はないが、将来われわれの指導のために役立ちうる伝統が創設された。つまり、この軍隊においては、指揮官の選挙制や、指揮官と兵士の平等が実現されていたのである。しかし、パルチザン軍のこうした優れた側面は、パルチザン主義の全般的な衰退過程のなかに沈みこんでしまった。それらは、別の条件のもとでのみ、再生されうるのである。

同志諸君、パルチザン軍は、国家権力が事実上軍隊を指導しえなかった時期の軍隊であった。それは、プロレタリアートが創設した国家機構が、まだ力弱く、軍事組織が、われわれとは独立に存在し、しばしばわれわれに敵対した時期であった。目下われわれが遭遇している時期は、その反対である。それは、プロレタリアートが指導する国家建設を基調とする時期なのである。国家機構の創設は、赤軍の創設とまったく同様に、プロレタリアートの仕事である。同志諸君、軍事政策上のあらゆる問題の解決を、それに基づいてわれわれがなしうる問題の原則的な姿勢を、ここで与えるべきである。われわれは、自らの綱領において、自らの政策において、以下のような立場を承認している。つまり、現在、われわれは、資本主義から共産主義社会への過渡期を経験しており、この時期の国家形態として、プロレタリア国家を創設しつつあるのである。われわれが、しだいにこのプロレタリア国家の衰亡へと移行すること、現在、われわれが実現し防衛しているプロレタリア階級国家の根絶へと移行することは、われわれには疑いないのである。私は、この点を詳細に展開はしない。この問題は、党綱領についての討論において、論議されたからである。われわれが確固としてこの基盤に立つなら、以下のことは、われわれにはまったく疑いえない。つまり、われわれが創設しつつある常備の正規軍のなかに、旧ツァーリ軍から共産主義的民兵制度への過渡期に対応したさまざまな契機が、現在、不可避的に存在しうるということである。われわれは、過渡的契機の必然性を認めなければならない。というのは、それなしでは、いかなるプロレタリア的国家も創設されえないからである。諸君も知っているように、軍事専門家の問題をめぐって、きわめて多くの激しい討論が起こった。同様な討論と不一致が、前の問題ほど広範な流布はしなかったが、起こった。さらに、現在、軍隊における共産主義者の組織について、軍隊における共産党細胞の権利についての第三の係争問題が提起されている。私は、この三つの係争問題が、パルチザン軍においてかつて存在し、共産主義的民兵においてのみ再生されうる特徴を、過渡期にあるわが軍隊に延長しようという試みの反映であることを、確認しよう。

　軍事専門家の問題については、少なからぬ誹謗がなされてきた。現在、この問題は、本質において、理論的かつ実践的に解決されている。軍事専門家の利用に対する反対者たちですら、この問題が古臭くなったことを自ら承認しているのである。この問題は、われわれの軍隊において現在すでに、数人、十人、百人ではなく、数万の軍事専門家、数万の旧軍隊出身の軍事要員が存在しているため、実践的に解決されている。実践的に、この問題は解決されたのである。その解決は、軍事専門家、軍事的実践が軍隊に引き入れられているという意味ではなく、それが経験で承認されるという意味において、されている。判明していることは、軍事専門家が引き入れられたところ、パルチザン軍の正規軍への再組織化が行なわれたところでは、戦線の耐久性が達成され、軍事的進歩が達成されたことである。また、反対に、軍事専門家がその利用を認められなかったところ、センターから派遣された軍事専門家が逆に送り返されたり、低い地位に置かれたところでは、カフカース軍におけるように、その後、われわれは、その軍隊の完全な解体や消滅にいたり、われわれの考えでは、敵側の最初の重大な圧力に耐えないで解体したのである。

実際、われわれは全軍隊において、軍事専門家の利用を行なった。そして実際に、以下の結果が現われたのである。旧軍事専門家の裏切りや反逆行為が起こったとしても、その反対側では、ほとんど常に、軍事専門家たちは献身的にその職に殉じた。戦線にあってその作業を体験した者はすべて、この事実を自ら保証するであろう。

さらに軍事専門家の共産主義的な部分の代わりに、われわれは当分のところいかなる手段も持っていないのだ、ということを認めるべきである。つまり問題は、生産組織との関係で提起されたと同様に、以上のように提起されたのである。昨日の討論においてはっきりと解明されたことだが、われわれはもっぱら古い残存物のみから新しいものを打ちたてることが可能なのである。われわれは、指揮の任務にある共産主義者が、まったくわずかばかりの人数であることを知っている。旧体制に奉仕していた軍事専門家たちは、新しい軍隊に入り、そのサーヴィスはプロレタリア独裁のため、合目的的に利用されたのである。

同志諸君、私は指揮官選挙制の問題へと移ろう。この選挙制は、パルチザン軍内で存在し、またパルチザン軍へと創り直される旧軍隊の解体過程においても存在した。実際、指揮官選挙制度を導入しえた時には、革命的カードルが現に創出されたり、わが軍に着実な発展が保証されたり、軍事的経験や広範な訓練が掘り起こされたりしたのである。現在この問題は別様になっている。われわれが選挙制に賛成したのは、兵士たちをしてツァーリ的・地主的・ブルジョア的体制に奉仕していた軍上層部に反抗させた時であった。彼らを反抗させたのは、指揮官の更迭という要求によって、われわれが旧軍隊内に存在した旧体制への不信任を表示するためであった。現在、プロレタリア独裁の体制のもとでは、兵士たちが指揮官を指名することは廃止されている。選挙制は、プロレタリア権力への不信任を表示することを意味しているのである。

実際、この問題はすでにその緊迫性を失なっている。われわれは軍隊において指揮官が任命される体制に入っている。このような別の階級の人びとが新しい軍隊内に存在すると旧軍隊を再生する、とわれわれは言われている。同志諸君、たとえそれが正しかったとしても、たとえわれわれが本当に旧軍隊を再生したとしても、その時期には、われわれには、党の軍事政策をそのままに決定し、また、〔原則を〕放棄することが、まったく必要であったのである。とはいえ、われわれの内部において、経済組織の分野においても、まったく同様な問題が立てられていたことに、注目しなければならない。軍事専門家の問題とは、純粋に軍事的な問題ではなく、一般的・原則的な問題なのである。諸君も記憶されていようが、工場に技術者や、かつての資本主義的経営者を導入するという問題が提起された時、きわめて激しい「超左翼」的批判が、左翼共産主義フラクションの人びとから公刊された。その主張は、技術者を工場に呼び戻すことは資本に司令的地位を帰すことだ、というものであった。われわれは現在、軍事政策の分野へと延長されたこうした批判のまったくのアナロジーを持っているのだ。われわれはこう言われた、諸君は、軍隊にかつての将校を呼び戻すことで、かつての将校制度とかつての軍隊とを再建しているのだ、と。しかし、このように語る同志が忘れているのは、指揮官と並んでソヴィエト権力を代表するコミサールが存在していること、これら軍事専門家は、すべてがプロレタリア革命に奉仕している軍隊のなかにいるということである。事実、この数カ月間、わが軍は進歩をとげているのである。数万の軍事専門家が存在するこの軍隊は、現実に、自らがプロレタリア革命の軍隊であることを証明したのである。労働者階級は、旧軍隊の再生のためではなく、新しい赤軍の設立のために、軍事専門家を利用したのである。

軍隊内での共産主義者の組織という問題へと移ろう。軍隊建設という面においては、この組織は、いかなるキャスティング・ボートも代表しはしない。軍における共産党細胞は、一方では、軍の政治部を指導する政治的なプロパガンダ機関として創立された。他方、軍の党細胞は、自発的に残った赤色兵士を先導するためのもっとも献身的かつ堅固な同志たちの軍事グループであると、考えられていた。

しかし、軍の内部には、別の傾向も存在した。この傾向に対して闘わなければならず、党大会は、この傾向との闘争を、はっきりと実行すべきである。それは、党のサンジカリズム的傾向である。革命の初期において、われわれは、個々の労働組合が、自分たちにもっとも手近かな国家的産業部門を独断的に獲得しようとしたシーンに出くわした。諸君も知っているように、党の政策はこのような方法を断乎として撃退し、いっさいの建設は、全体としてソヴィエト共和国の勢力下に置かれたのである。現在、軍において、地方の党細胞が、自己の権限を拡げるという傾向が存在している。それは、軍の統轄、全軍事作業のコントロールを、軍管区や戦線における兵員としてあるそれら共産主義者に移そうという試みである。こうした状態が行なわれるなら、細分割が行なわれ、統一的建設は破壊され、軍の各部隊は、共産党全体の手の内や、最高経済会議やそこから分離した軍事機関の手の内でなく、地方の党細胞の手の内にある、といったまったく好ましからぬ結果が生じよう。

このような傾向と闘わなければならない。それに譲歩するなら、われわれが指導した作業は、無に帰することになる。これは、軍隊内で、われわれが今月中に完成した中央集権化の代わりに、パルチザン主義、家内工業主義を復活させることを意味しよう。われわれは、中央集権化の方向への作業を実行しており、パルチザン主義は衰退している。われわれはパルチザン部隊を解体し、地方住民をわれわれに反抗させたり、ソヴィエト権力の名誉を傷つけたパルチザン集団と闘わなければならなかった。確かに、われわれの作業には、きわめて多くのマイナスがあった。そのいくつかを挙げてみよう。われわれにとって根本的な立場とは、何よりもまず、わが軍は階級的な性格を持たねばならないこと、労働を搾取している分子は軍隊から放逐されねばならないこと、軍隊に富農《クラーク》を入れてはならないことである。だが、実際には、きわめて多くの尻込みがあったと言わなければならない。事実、農民を動員する際、クラークや大地主を貧農や中農と厳密に分離することはなされなかった。私ははっきりと言うが、こうした実践は、軍事政策の指導者たちの指令や訓示に反している。この点において、われわれは特別な細心さを示し、軍隊が実際に階級的原則に従って建設されるよう、その内部に、ソヴィエト権力に対する煽動を指導し、われわれの部隊を解体させようとするクラークを存在させないよう、努めなければならない。

指揮官の養成という問題には、特別の重要性がある。指揮官がほとんどわれわれからなったり、労働者階級の人間からなったり、共産主義的指揮官となる場合のみ、われわれが、赤軍に完全な確信を持てることは、まったく明らかである。この方向においても作業がなされている。一〇にのぼる赤色将校養成学校が開かれた。赤色将校からなる指揮官の最初の補充が、わが軍に注入されつつある。だが、私は卒直に言わねばならないが、赤色将校の養成は十分に満足なものではなく、別個に提起されなければならない。われわれは、労働者階級出身の赤色将校養成を、さらにいっそう提起すべきである。赤色参謀本部学校において、軍のために有用な赤色将校を育成するため、軍事経験のある共産主義者や労働者の選択をさらに強めることが必要なのである。

私は、最近作成された軍令〔一九年一月の全露中央執行委員会による軍規〕といった、若干の些事をさらに詳述したい。そのもとにあっては常に注意が純然たる軍事作戦の問題からそらされる熱狂的な作業のなかでは、明らかに、最初から、まったくわれわれにとって満足のできる法令を作成することはできなかった。そこには、一連の誤まりが存在している。私が知ったことだが、例えばある同志たちは、その法令で、赤軍兵士に魚を釣ることを禁止したのである。こうした滑稽なことが、他の分野でも存在した。だが、このような事実の原則的な姿勢が重要なのである。法令は、軍隊にとって必要なものであろうか。パルチザン制度の存続に固執する人びとは、法令に対して、それが軍隊において革命的規則を保っているがゆえに、公然と反対している。彼らとは逆に、私はこういわなければならない。現在、われわれは、あらゆる赤軍兵士が法令を必要とする時期に来ているのである。なぜなら、規則の欠如、厳密な規則の欠如は、赤軍という複雑な機構において、上層部に対してだけでなく、下部に対しても明白に、その害毒を現わしているからである。

同志諸君、われわれが創設した軍隊は、労働軍のように自らの構成員に依拠して出現はしないのである。このことを、われわれは忘れてはならない。共産主義者の党も、個々の共産主義者も、赤軍が実際にはまだ共産主義者の軍隊ではなく、それに共産主義革命に奉仕する軍事力という性格を確保するためには、大きな作業がなされなければならない、ということを一瞬たりとも忘れてはならない。

同志諸君、私はここで、諸君らの注意を、すでに今までにスタートが切られている若干の側面に、断乎として向けさせてほしい。軍事専門家に対する反対者たちは、軍事専門家の裏切り、反逆などの可能性の存在を、われわれに多く語ってきた。われわれの注意は、要するに、軍隊内にツァーリ的・地主的な復古の道具となりうるような分子が存在しはしないか、ということに主として向けられてきた。だが、この面では、われわれに危険は迫っていない。われわれの主たる注意は、軍隊を君主制復古という恐るべき試みから守ることではなく、小地主的分子を中立化し、われわれの赤軍を、共産主義革命の意識的かつ強力な砦とすることに、向けられるべきである。

ソヴィエト権力とプロレタリア独裁の軍隊において推挙されている政治コミサールの問題については、私は、コミサール員は、大体において、自らの正当性を実証した、と語るべきであろう。もちろん、失敗に終わった任命の個々のケースは存在している。しかしながら、全体としては、指揮官の活動のコントロールのために作られたコミサール制度は、それへの期待を裏切らなかったのである。私がこう言うのは、つい最近、次のような声が拡がり始めたからである。つまり、時が経てばコミサール員は根絶されるとか、新しいタイプのコミサールへの移行、技術的機能・行政的機能などの機能をコミサールに与えることへの移行が必要だ、といった声である。同志諸君、私は、こうした企図は尚早だと思う。この具体的な表明は、同志スミルガ〔イ・スミルガ『軍隊の建設』一九一九年、本書一一三ページ〕に見出される。その小冊子について諸君がチェックされることを、私は薦めたい。だが私としては、本大会が、コミサールの役割は決していまだ終わってはおらず、コミサール員の権利と権限を（それを限定するという意味でなく、拡大するという意味で）より一層正しく決定するのが必要だということを承認すべきだ、と思う。同志諸君、もちろん、軍隊には信頼しうる指揮官が存在しており、コミサールは戦略的作業には直接に参加はしていない。この場では、たくさんのXやYを持った方程式を解くことは、ふさわしくない。われわれは、そうした未知数からいかなる方程式が作られるかを知らないでいるのである。

とはいえ、現在では、軍隊のXやYの大きさは、実際にはかなりの程度、決定されている。軍事専門家の多くは、すでに、自らの政治的・技術的有用性を、行為によって証明している。また現在、多くの機会において、真に軍事的・戦略的・戦術的な性格を持った問題はより少なくコミサールに負担をかけ、軍隊における政治活動により集中させている。

この点に関して、軍隊における共産主義的プロパガンダの姿勢に、重大な役割が与えられる。多分、これは、党大会では非常に語られはしても、まだ初期の段階にあると思われる。私は、軍隊における共産主義的活動は、その言葉の完全な意味においては、これまでほとんど行なわれていない、と言わなければならない。行なわれてきた活動は、主として、一般的な革命的・民主主義的なそれであった。何カ月もの間、部隊が一日の休息も持たず、不断に活動するという条件にあっては、戦線での政治活動は極度に困難であり、ほとんどまったく後方で行なわれざるをえない。諸君も知ってのように、諸君が到着した地方のいたるところで、後方部隊が形成され、その部隊内では、当該地の党組織は、実際にはいかなる党活動も行なっていないのである。この点で、われわれは、幾分、古くからの党の伝統を忘れている。赤軍兵士の間での党活動は、われわれにあっては、官僚化し始めている。軍事人民委員部は、とにかく活動を行なってはいるが、党の地方委員会は、共産主義的教育がそれにまず第一にかかっているにもかかわらず、責任を逃れている。われわれの党が、戦線に赴くカードルの後方での教育に着手しないなら、いかなる確固とした共産主義的教育も作り出すことは不可能である。戦線にあっては、活動はもっぱら暇を見て、また、偶然的かつ不十分にしか行ないえないのである。こうした活動を、わが党において再興しなければならない。われわれがこの課題を、今までのように拙劣に処理するなら、その場合には、戦線にこれから出動するであろう部隊は、今まで行なわれてきた発展と同じ歴史を、同様に将来も行なうことになろう。諸君は、東部戦線におけるわれわれの失敗や、ウファーが降伏したことを知っている。この失敗の理由は、何なのであろうか。われわれは、まったく誤った道に入っているのであろうか。そうではない。決してそうではないのである。それが示していることは、政治的教養のない後方部隊に、戦場での経験、不屈さ、戦場の知識を大量に注入しえなかったことなのである。

党組織が後方で行なうべきこうした政治活動は、戦線においては、最近、党活動から離れた政治コミサールの参加のもとで遂行されなければならない。同時に、この作業は、共産党細胞を通じて行なわれるべきである。軍隊内にソヴィエト政権が設立した機関が軍事指導を保証すべきで、その指導に共産党細胞の介入がありえないとするならば、戦線での政治活動や軍隊の教育も、ソヴィエト権力が設立した機関によって保証されなければならない。戦線での政治教育には、二つの方法がある。つまり、党機関によってそのために創られた共産党細胞がそれを行なうか、共産主義的プロパガンダを国家的な共産主義プロ、パ、ガ、ン、ダ、として行なうか、である。同志諸君、私の意見では、本大会は、戦線での国家による共産主義プロパガンダに賛成すべきである。このプロパガンダの指導は、軍の政治部の手中に置かれる。

私は、議論の余地があり、軍隊内の活動家の注意を惹いた基本的な問題に触れてきた。持ち時間がなくなりつつあるので、以下のような結論を言いたい。われわれが創設した赤軍は、現在明らかにまだ十分に、自らに提起された要求のすべてを満足してはいない。われわれは、指揮官のかなりの欠乏、コミサール要員の欠乏、経済的崩壊と関係した軍の補給のまったくの欠乏を感じている。とはいえ、赤軍の創成と発展の短いが輝かしい歴史は、われわれに元気に未来を考えることを可能にしている。最後にわれわれは、軍隊の全般的・中央的な戦略的・政治的指導が、すでに十分な程度に調整や決定をなしているのではないことを、認めなければならない。この意味で、以下のように言わなければならない。われわれは漸次、まず師団規模、次に軍団規模、さらに戦線規模で、次第に確固とした指導を得て成長したのであり、現在全軍団、全戦線の権威ある指導の創設へ、パルチザン軍から正規の赤軍への移行の最後の決定的な環へと明白に近づいてきているのである。この正規の赤軍が、われわれの政策の基盤なのである。われわれが今まで実現につとめてきた方法が今までまったく利用されなかった分野でも利用されるなら、その場合にのみわれわれは共産主義とプロレタリア革命の砦を、赤軍から創り出すことができる。

たとえ局面がどのように変わっても、それを通じてソヴィエト共和国は、国際帝国主義者との関係へいたるであろう。それは、われわれがドイツとの間でもっている状態のような目下の正式に布告されていない戦争となるか、軍事活動が止んでいないにもかかわらず来月正式に布告される平和となるか、われわれがルーマニアとの間でもっている状態のような軍事活動のない布告された戦争となるか、である。われわれが唯一明確に知っているのは、ソヴィエト共和国は、常に国際帝国主義者との闘争を行なうであろうことである。われわれが軍事政策においていかなる逡巡も許さず、正規の赤軍建設の道を進むなら、われわれはこの闘争から、ただ勝利のみをもって手を引くことになろう。赤軍は、国家形態の廃止によって正規軍の意義がなくなり、共産主義社会の創設によってわれわれが共産主義的民兵制度へと移行する瞬間まで、プロレタリア国家の軍事力の国家的組織を代表するのである。（拍手）

ヴェ・スミルノフの副報告

議長　ある同志たちのグループから、同志スミルノフを副報告者とするよう届出が来ている。この届出には十分な数の署名があるので、同志スミルノフが副報告者として発言権を得る。

ヴェ・スミルノフ　同志諸君、同志ソコリニコフは、彼の報告において反対者に反論しつつ、意見の不一致の問題を、パルチザン軍か正規軍かという点に帰着させた。そのことから、現在生じており、軍隊内のすべての活動家と、本大会に出席しているすべての軍代表を極度に興奮させている緊迫した問題のすべてを、十分不足なく、彼は一巡した。専門家が必要かどうかという一般的な議論の局面から、われわれ赤軍が創設された際の制度を考慮した現実的な基盤へと、われわれが赤軍創設後の約一〇カ月間に得た経験へと問題を移すべきだと、私は思う。

以下で、革命期における軍隊が必然的に持つ典型的な特徴を詳述したい。階級闘争が弱まっていた時期に創設された資本主義的軍隊は、一面では全国民的動員の原則にのっとって、また他面では、特殊な指揮官グループの選抜にのっとって建設されたのである。そのグループが代表したのは、支配階級の利害であった。軍隊の大衆は、本質的には、その利害においてブルジョアジーと敵対していたが、その利害をまだ自覚していなかった。指揮官には、特別な権利が付与されていた。断乎とした厳格な規律とこせこせした形式主義とが、すべての兵士大衆を単一体へと集結させ、ブルジョアジーへの奉仕を強いたのである。

　このことは、革命期が到来してからは変化した。激しい階級闘争の時代に、こうした原則にのっとって軍隊を建設することが不可能であると分かったのである。この点では、われわれの側でも、われわれの敵の軍隊でも、同一の過程が見られた。いずれの本隊も、最初はパルチザン的原則にのっとって建設されたのである。他の手段は存在していなかった。国家権力は、全陣営で弱体化しており、広範な階層をはっきりと勢力下に置きうる強力な機関の創設が必要であった。

　それゆえに、闘争の発展の第一段階は、われわれの側でも、敵の側でも、志願兵軍の形成だったのである。双方の勢力が組織されていなかったため、以上と並行して、闘争は正規戦の形態においてではなく、パルチザン部隊の衝突という形態において生じたのである。志願制とパルチザン主義――これらは、この時期の歴史的かつ不可避的な形態であった。ソヴィエト権力はその勢力の拡がりと深みを増しつつあったが、それが組織されたのと同一の過程が、われわれの敵においても生じたのである。昨年の七月、八月には、われわれも敵も、ようやっと独立部隊を提示しえたのだが、現在では、多少とも規則的に組織され、総指揮のもとにある大軍団を、あちこちに持っている。

　この点で、両者の前に、主として中農を導入することで志願制軍から常備軍へ移行するという課題が起こった。しかし、双方とも資本主義的軍隊の基礎であった全国民的動員という原則を採用できなかった。動員の布告がなされても、コルチャークが行なっているように、その軍隊から労働者階級、プロレタリアートを排除したり、われわれが行なっているように、ブルジョア的・クラーク的分子を排除したりして、全住民にそれを行使はしていないのである。かくして、強制的徴兵は、住民の特定の階級を軍隊から排除するという制約のもとでのみ、適切であることが判明している。軍隊の兵員数増加は、これによって解決されたのである。しかし、優秀な軍隊は、規則的な組織を必要とするものであるため、第二の問題——指揮官の問題が生じるのである。指揮官は、統一センターから指導される完全な軍事機関へと、軍隊大衆を転換させるのに必要なのである。われわれの軍事政策における支配的思潮にあっては、軍事専門家の指揮の問題、彼らを利用することの必要性の問題において、われわれはいかなる不一致もないと、私は言うべきであろう。専門家は、疑いもなく、われわれにとって必要なのである。だが、われわれは、赤軍と白軍との間にすでに存在している差異を、ここで考えなければならない。赤軍に関するなら、われわれの政治路線は、現在われわれの側への中農の獲得ということにあることを思い出すことが必要である。これは、同志レーニンが十分明らかに語っていることであり、その課題をわれわれが成功裡に処理するか否かに、ソヴィエト権力の今まで以上の存立が著しく依存していることなのである。この観点からすれば、われわれは、敵よりも有利な状態にある。他方、白衛軍は、もっぱら強制、圧迫などの手段に頼って行動することを余儀なくされているからである。農民は、クラークよりも労働者階級やプロレタリアートにより多く惹かれている。だが、指揮官に関しては、反対に旧将校たちが、大部分白衛軍に通じていることは疑いえない。その圧倒的な部隊ですら、ボリシェヴィズムの勝利のあとには、その立場を変えたと言われていた。このグループが自発的にボリシェヴィズムに惹かれていると語りはしても、それが惹かれているのは、われわれではなく、われわれの敵なのだということを認めなければならない。それゆえに、専門家の問題は、われわれに大きな困難を提示しているのである。

この二つの状態から、われわれの行動とわれわれの敵の行動方針との特徴的な差異が生じる。白衛軍が、中農の頭からなぜ、何のために泣くのか、についてのあらゆる考えを叩き出しつつ、厳格な規則と苛酷な懲罰によってのみ、中農を利用する手段を持つ時には、われわれは、行なわれつつある闘争との意識的な関係のなかで発展するプロパガンダという手段で、彼らに影響を与えることができる。

農民の意識が、現在まで弱体であることは、疑いをえない。だが、われわれと彼らとの利害の一致をまず説得するという手段によって、彼らを味方につけることは、われわれにとって極めて大きな問題である。われわれは、中農出身でわれわれの側についた赤軍兵士の政治的教育を、より広範にできるだけ発展させなければならない。

指揮官に関しては、われわれは、敵には不必要であった学校、政治コミサール学校を設立することが必要であった。指揮官は、自らの考えに従っており、われわれとは無関係であった。われわれとしては、彼に一切の権力を与えることはできなかった。彼のコントロールを目的として、政治コミサールが創設されたのであり、コミサールの機能は、厳密には定められていなかった。コミサールと専門家との関係は、明らかに実践のなかで成立したのである。かくして、軍の統轄において、二元性が創られる。一方には専門家がおり、他方に彼の政治的信頼性を監督する共産主義者がいたのである。しかし、われわれが、政治的信頼性という視点ではなく、優秀な軍事要員という視点で専門家を尊重しうるとしても、われわれは以下のように考える。政治的コミサールの役割が、目下の戦争の進行と経験において、より広範に認められたのは、指揮官の監督においてでなく、軍指揮の優秀さのためであった。このことは、革命の初期に、旧将校のほとんどが敵側についていたことから、説明される。将校たちは、一〇月以前や、一〇月革命後にわれわれが彼らに行なった攻撃に関して、われわれに怨恨を抱いていた。彼らは、自分が敵意を持った分子に包囲されていると感じ、たとえソヴィエトの仕事をしても、不十分な生活品しか約束されないと考えた。

それゆえに、彼らは、自分の力量を全力をふるって示しうる可能性にあった白衛軍の側についたのである。例えばシベリアで軍事独裁を創設しつつあったコルチャークの方に、こうした可能性はより一層存在した。われわれの手には、若干のより劣った分子が残された。このことが、同志ソコリニコフが語ったように、軍事人民委員の活動が、軍のコントロールばかりでなく、協力と管理とにおいて、また、戦略上の問題の解決においてすらなされたことの理由である。これは不可避であった。

だが、われわれの軍事政策の志向するものを考えてみると、まず、人民委員会議《ソフナルコム》が布告した革命軍事ソヴィエトについての法規を見出す。この法規においては、軍団、方面軍などの指揮官には、軍隊の管理がゆだねられ、政治コミサールには、軍団指揮官、方面軍指揮官の決定を、個々の事態において、それを最高機関に伝えつつ廃棄する権限がゆだねられた。作戦上の問題については、コミサールは、それを廃棄する権限を持たなかった。このような事態は、われわれの経験によれば、まったく誤まっている。われわれがたとえこの場合正しい理由に基づいて活動したとしても、専門家の決定の廃棄についての無限の事務的文書をやりとりしなければならなかったであろう。綱領草案も、同じ考えで作られており、その第六条において、われわれは以下の文章を読む。「このような〔専門家の〕導入に必要な条件は、労働者階級の手へと、軍隊の全政治的指導と指揮官の全面的コントロールを集中することである」。また、綱領の第三条では、同様にこう示されている。「軍司令官と並んで、信頼しうる献身的な共産主義者からなる政治コミサールが必要である」。要するに、政治コミサールの役割は、コントロール機能に制限されていたのである。私は、こうした決定は誤まっており、われわれの持っている経験と合致しない、と主張したい。反対に、まさに現在、すでにわれわれの側に豊かな軍事経験があり、必要な時には介入する能力がある政治コミサールが存在している時には、そのコミサールに、より広範な権限と、軍統治への大幅な関与とを代表させる必要がある。

さらに、指導の役割を指揮官に付与することの結果は、すでに、前線においてより、後方においてより強力に現われていることを、示す必要がある。戦線においては、われわれは軍事的課題に直面する必要があり、兵士たちは、規則や法規にもかかわらず、事態の進展がいやおうなく示す秩序をとるのである。だが、後方では別である。後方での活動は、急を要する性格を持っておらず、コミサールの権力の状態や組織は、厳格に実現されている。われわれの後方では、軍事専門家は、技術的課題の直接的な実行という面においてだけでなく、軍の一般的な組織の面においても、権力を与えられている。専門家は、その心理のため、こうした組織の新しい条件を考慮しえないでいる。同志ソコリニコフは、私の法令への批判に関して、私が法規によって、赤軍兵士に魚を釣ることを禁止したと、皮肉を言った。これは、馬鹿げているが、しかし、特徴的な馬鹿らしさである。そのうちには、しかし、若干のずっと真剣な問題がある。指揮官が赤軍兵士と同等な地位にあるにもかかわらず、服装上でのちがいを強制的につけることが導入されたのである。義務的な呼称の形態も導入され、「同志中隊長殿」「同志小隊長殿」などなどと呼ぶことが必要になったのである。指揮官には、兵営において個々の兵舎で生活する権利、若干の条件のもとで伝令兵を持つ権利などの面で、特別の給与条件というかたちで、一連の特恵が与えられた。こうした形式主義の赤軍への導入には、いかなる意義があるのであろうか。私には訳がわからない。法規においては、個々の権利や義務を示す必要はない。にもかかわらず、まったく過度に微細な規則があり、赤軍兵士に、あれこれの具体的な場合においてなすべきことを与えているのである。これは単に不必要な丸暗記を作り出すだけであり、自発性を圧殺している。同志ソコリニコフは、われわれがあらゆる法令に反対していると語ったが、これは誤まりである。法令は必要なのである。しかし、それは、革命前の時代の特殊な条件が引き起こしたすべてのものを放棄し、経験に合致して作らなければならない。

それがなすべきことなのである。私はまだ話し終わっていないのだが、しかし時間が五分間しかない……。

声　われわれは延長を求める。

議長　同志スミルノフに一五分間の延長を認めるという動議が出されたので、表決に付す。動議は可決された。

ヴェ・スミルノフ　われわれは、赤軍に入っている中農の士気を考慮すべきである。中農が、この赤軍は古いタイプの軍隊ではないことを、外見からすらただちに認めることが、必要なのである。その意義は巨大である。われわれの敵は、こうした動因をきわめて強力に利用していると、言わなければならない。わが軍内で発見される檄文によると、白衛軍の側では、ボリシェヴィキがかつての規則、かつての将校団などを導入していると宣伝している。もちろん、これは誤っている。しかし、赤軍兵士に与える影響という点からすれば、重大な問題である。こうした点に関しては、私が法令に関して示した現象と同様の現象を見限るべきであると、永久に確定する必要がある。

さて、軍隊の管理の問題であるが、経験が示したところでは、管理へのコミサールの参加は必要であり、その機能を単なる監視に限定するのは不可能である。ここで私は、個人的に、以下の観点について評価をしたい。それは、作戦上の問題という分野での決定投票権を、〔軍事〕革命ソヴィエトのメンバーにゆだねるべきだという観点である。私は、これが軍事理論と矛盾していると言いたい。同志諸君、第六学級の教師がピサレフの著作との間に持つような態度を、軍事政策にとって、それを馬鹿正直に守るわけにはいかないのである。問題は、軍事理論を丸暗記することにはなく、すでに、それをどう取り扱うかにあるのである。その理論に従って、統師部は責任を負い、軍事的必要性に下属するすべての活動に、全面的な責任をあえて引き受けることが必要だったのである。もし作戦についての責任が革命ソヴィエトに負わされるのは、任務の結果の自覚が他の人々より高い共産主義者が存在する場合においてのみである。

以上のこととともに、中央機関の持つ特別な重要性や、たえずお互いに矛盾した命令の発令へと導くわれわれの間での機能の分割についても、注意を向けなければならない。共和国〔軍事〕革命ソヴィエトの組織は、もっとも真剣な注意を、そこに向けることが必要なのである。

さて、政治活動についてであるが、軍事組織の事業におけるその巨大な重要性にもかかわらず、政治活動はまったく官僚的に行なわれている。私の前に、東部方面軍革命ソヴィエトの機関誌『軍事思想』が一部ある。同誌には、軍隊における政治部の訓令、組織の草案が印刷されている。そこに、何をわれわれは見出すであろうか。政治部は、部長と、その下にある多数の書記——総書記、軍事調査書記、軍事組織書記などから成るということである。協議制、党代表者会議の召集、問題の審議については、草案にはいかなる示唆も存在していない。単に、情報・煽動に関する書記がいるだけである。しかし、党の下部から、結果的に新しい力を引き出すことのできるいかなる活発な党活動もないのである。党活動は、われわれにとってきわめて必要なのである。というのは、われわれのかつての共産主義者補給源が消耗しており、それなしにわれわれは長くは生きられないからである。

われわれの軍事政策が志向すべきもっとも重要なものは、プロレタリア革命という事業を自覚的に防衛する軍隊の建設なのである。本大会は、この意味で、その結論を下さなければならない。

トロツキー　軍隊建設におけるわれわれの政策

ロシア共産党第八回大会において採択されたテーゼ、一九一九年三月

1　一般命題

一

社会民主主義的綱領は、武器を操作できる全市民に対する、可能なかぎり、兵舎外での軍事訓練に基づいた全人民的民兵の実現を、要求していた。第二インタナショナルの時代における兵舎内での訓練、長期にわたる兵役、カースト的将校団をともなう帝国主義的常備軍に対置されたこの綱領的要求は、普通選挙権、一院制などの他の民主主義的諸要求と同一の歴史的意義をもつものであった。「平和的」な資本主義の発展とプロレタリアートがブルジョア的合法性の枠内に階級闘争を当分順応させざるをえないという条件下では、資本主義国家組織と資本主義的軍隊に、より民主主義的な形態を要求することが社会民主主義の当然の任務であった。こうした根拠にたつ闘争は、たしかに教育的意味をもっていたが、しかし、前大戦の巨大な経験が示したように、ブルジョア軍国主義の民主主義化闘争はブルジョア議会制度の民主主義化闘争よりもさらに低い成果しかあげえなかったのである。なぜなら、軍国主義の領域でブルジョア

ジーが自己自身を否定することなく容認しうるのは、自らの階級支配に手を触れない「民主主義」、つまり、幻想的、虚構的な民主主義のみなのである。国内面と同様に、国際面においてブルジョアジーの切実な利益が問題になるや、ドイツ、フランス、スイス、イギリス、アメリカのブルジョア軍国主義は、これらの諸国の国家形態や軍隊の構造の差異にもかかわらず、同一の無慈悲な階級的残忍性を示したのである。

二

階級闘争がブルジョアとブルジョア民主主義制度の殻を突き破り、公然たる内戦に転化する時、「人民民兵」のスローガンは、民主主義的議会制度のスローガンとまったく同様に意味を失い、このため、反動の武器となる。「憲法制定会議」のスローガンが地主と資本家の権力復興のための隠れ蓑になったがごとく、「人民」あるいは「全人民」軍のスローガンも、まさにクラスノーフやコルチャークの軍隊創設の手段となった。

ロシア革命の経験を経、ドイツ憲法制定国民議会が白衛隊の保護下に身を委ねてベルリンを逃亡してワイマールに隠れ、ホフマン将軍がユンカー、ブルジョア、富農の子弟から自己の鉄のごとき大隊を徴募し、一方スパルタクス団が革命的労働者を武装しているその時に、国家権力と軍隊の組織化を目的とした形式民主主義の説教を行なうことができるためには、カウツキーの卑しむべき俗物的盲目性が文字どおり必要である。いま開始されたプロレタリア革命の時代はそれが民主主義の外皮で被われているいないにかかわらず、ブルジョア国家全体とブルジョア軍隊全体に対するプロレタリアートの公然たる内戦の時代なのである。この内戦におけるプロレタリアートの勝利は不可避的に階級的プロレタリア国家と階級的軍隊の確立をもたらすであろう。

三

われわれの旧綱領に描かれたような民兵のいわゆる**全人民的**性格を、きわめて近い将来の歴史的時期に委ねることによって、われわれは決してこうした意味の民兵の綱領と手を切ったわけではない。われわれは階級的基礎の上に政治的民主主義を置き、それをソヴィエト民主主義に転化させる。われわれは階級的基礎の上に民兵を移し、それをソヴィエト民兵に転化させる。したがって、当面の行動綱領は、可能なかぎり兵舎外で、つまり、労働者階級の労働環境に接近した条件のもとで、義務軍事訓練を基礎とした労働者と貧農の軍隊を建設することである。

四

わが赤軍の現実の発展過程は先述の要請とは矛盾しているかにみえる。まず、われわれは**志願兵制**に基づく軍隊を創設した。ついで、労働者と他人の労働を搾取しない農民の義務軍事訓練を制定し、それと同時に勤労者諸階級の強制的徴兵を実施した。この矛盾は偶然のいたずらによるものではなくて、状況の産物であり、帝国主義戦争とブルジョア（二月）革命がわれわれに残した具体的条件のもとで軍隊を建設することによって起こる、完全に避けることのできない過渡的形態なのである。

志願兵制は、旧軍隊とそれを構成し管理する全組織の破滅的瓦解という条件のなかで、いくらかでも戦闘能力をもつ部隊を創設しうる唯一の手段である。その最善の証拠は、今日のドイツで反革命将軍がスパルタクス団とまったく同様に、志願兵大隊の建設に頼らざるをえないという事実にみられる。志願兵制から義務兵役制への移行は、旧軍隊の大部分の大衆が都市や農村に分散し、地方において、軍事行政——登録、編制、補給——の地方機関（郷、郡、県、軍管区委員部）が設立された時点で可能となった。

五

体系的に組織化された中央集権的軍隊に対してパルチザン部隊の理念を対置（「左翼」エスエルやその同類が説教するように）することは、プチブル・インテリの政治思想あるいは無思慮の漫画的産物である。パルチザン的闘争方式は初期には、プロレタリアートが国家内において被抑圧的状態にあるという理由によって、単純な地下出版や秘密集会の利用と同じく、彼らに付きまとうものであった。政治権力の獲得はプロレタリアートに中央集権的軍隊の体系的建設のために国家機構を利用しうる可能性を与えたが、軍隊の組織の統一と管理の統一のみが最小の犠牲で最大の効果をもたらすことを保証しうるのである。軍事綱領としてパルチザン主義を宣伝することは、大工業から手工業への回帰をすすめるようなものである。このような宣伝は国家権力を支配する能力がなく、この権力の専有の問題を真剣に検討することさえできず、労働者権力に対するパルチザン的（論争的あるいはテロ行為的な）襲撃に熱中しているインテリ・グループの本性にまったく合致しているのだ。

六

労働者と勤労農民の日常的労働に近い諸条件のもとで行なわれる義務軍事訓練を基礎にして軍隊を建

設すれば、われわれが最良のものを手にするであろうことを、理論的に否定することはできないであろう。工業の全般的改善、農業の集団化と生産性の向上は、職場、工場、村落、郷、郡、県などとみあった軍隊、つまり、中隊、大隊、連隊、旅団、師団のために、最も健全な土台となるであろう。わが国の経済力の向上と並行した指揮官の養成によって一歩一歩形成されるこの種の軍隊は、世界最強の軍隊となるであろう。遅かれ早かれ、われわれはまさにこのような軍隊を実現するであろう。

七

しかしながら、国の内外の階級に対する直接的かつ緊急を要する反撃の必要性は、数年、あるいは、いずれにしても長い月日を要する労農民兵の組織化にわれわれが着手することを許さなかった。一〇月革命の直後ですら、われわれは志願兵制による編制手段に訴えることを余儀なくされており、まして、つぎの段階の昨年の夏、帝国主義の包囲がソヴィエト・ロシアを特に強力に締め付けた時、われわれは軍事活動の強化と、民兵の編制を、つまり地域的な兵舎外の編制を待ち受けることなく、兵役適齢者の全国的な義務的動員と速やかな彼らの教育、および兵舎内における彼らの結束に頼らざるをえなかった。このような条件のもとでは、軍当局の全努力は、兵舎を軍事学校に近づけ、それを単なる純軍事的教育のみならず、一般教育ならびに政治教育の中心とすることに向けられる。

八

出征軍あるいは直接作戦を準備する当面のわれわれの軍隊は、過渡的なタイプのものである。つまり、その社会的構成において階級的でありながら、民兵ではなく、編制と訓練方法において、常備軍的、正規軍的なものである。特にわが国の異常な疲弊という条件のもとで、この事情は多くの内部的困難の源泉であるが、同時に、最も不利な条件のもとで建設されたこの過渡期の軍隊が敵を打倒しうる能力を示したと、われわれは満足をもって言うことができる。

九

兵舎内あるいは純野戦的編制、つまり戦闘状態における編制と同時に、地方における労働者と勤労農民の広範な一般軍事訓練の活動が行なわれている。わが正規軍編制に対して、一般軍事訓練は、最初は、初歩的準備として、将来編入される戦闘単位の一員としての訓練を早めるため、戦士にふさわしい能力を付与するものとして、考えられている。この限定された視点からみれば、一般軍事訓練は、今やすでに、軍隊建設に重大な役割を果たしていることは疑いえない。

一〇

しかし、一般軍事訓練は決してこのような補助的役割に限定されるものではない。一般軍事訓練は、正規軍部隊編制という極度に切迫した焦眉の活動と一致した段階を通過することにより、われわれを真の民兵軍の創設に導かねばならない。

一一

このためには、一般軍事訓練が個人的な軍事訓練の諸任務に局限されず、たとえ最小限の軍事単位であれ、なるべく、労働者と農民という、それを構成する部分を日常の労働環境から切断することなく編制することがまず重要である。一般軍事訓練は、その地方の指揮官のもと、その地方で貯蔵された武器と、一般にあらゆる補給をともなった地方の労働者と農民よりなる完全な師団を編制するという非常に遠大な展望のなかで、それぞれの小隊、中隊、さらには大隊、連隊を編制する方向をとらねばならない。

一二

帝国主義軍隊との長期にわたる不断の闘争という想定のもとでは、民兵軍への漸進的移行は、出征軍の欠員を補充する新組織の編制によってのみ可能である。現在、補充は基本的な単位と同じ型の、いわゆる予備大隊を通じて編制されている。しかし今後、近い将来において、この補充は一般軍事訓練の過程において、またそれを基礎として編制されねばならず、また復員の際には、連隊の構成員が全国に分散せず、彼らが労働する地域での地縁的結合を保持しうるような、同一地域出身者の出征軍の連隊が志向されねばならぬ。現在の過渡的なわれわれの軍隊を地域的民兵軍に漸次移行するための政策の立案は、すでにこの方向に決定的な一歩を踏み出した軍当局当該組織の責任とされねばならない。

一三

われわれが目指す階級的民兵軍は、あらゆる先例からも明らかなように、即興的軍隊、つまり、ありあわせの武器といいかげんな教育を受けた指揮官に率いられた、にわか造りの軍隊を意味しない。その反対に、一般軍事訓練による教育は、機動性、射撃訓練、閲兵の面で、今日の兵士と部隊よりはるかに優秀なものを創り出さねばならない。民兵軍は最新の軍事科学によって訓練、武装、編制された軍隊でなければならない。

一四

軍隊におけるコミサールはソヴィエト権力の直接的代表であるのみならず、まず、所定の目標を達成するための闘争におけるわが党の精神、その規律、その確信と勇気の保持者である。党は満足の念をもって、指揮官中の最良の分子と手をたずさえて、短期間で戦闘に堪えうる軍隊を建設したコミサールの英雄的活動をふりかえることができる。それとともに、中央委員会の直接の指導によって、軍の政治部は、コミサールの中の多少とも偶然的、不安定的、出世主義的分子を排除しつつ、彼らの選抜を行なわねばならない。

コミサールの活動は各部隊におけるコミュニスト兵士細胞の直接支持に依拠することによってのみ、十分な成果を納めうるであろう。共産党細胞数の激増は、軍隊が、今後いっそう、共産主義の理念と規律に滲透されるということの重要な保証である。しかし、まさに共産党細胞の巨大な役割ゆえに、コミサールと、一般的に軍の円熟したすべての党活動家は、虚偽の権威を求めた動揺分子の党細胞への侵入を警戒せねばならない。各兵士が共産党細胞への所属は兵士になんら特別の権利を与えるものではなく、単に彼らに最も献身的かつ最も勇敢な闘士である義務を負わせるものであることを、経験によって確信し、理解を深めるにしたがい、共産党細胞に対する尊敬はより巨大で不動のものとなるであろう。

共産党細胞、コミサールおよび政治部の権利と義務に関する中央委員会によって作成された規程を、全体として承認することによって、大会は軍で活動する全同志に、この規程に厳格に従う義務を課すことになる。

一五

兵士を階級的に従属させ、つづいて兵士を通じて勤労大衆を従属させる機関としての指揮官層を選抜し、教育する、ブルジョア軍隊の場合に巨大な意義をもつ指揮官選挙制の要求は、階級的な労農赤軍にとっては、その原則的重要性は完全に消滅する。選挙と任命の適当な組み合わせ方は、もっぱら実践的考慮に基づいて、革命的で階級的な軍隊に適用されるが、それは組織の到達水準、軍隊を構成する部隊の緊密性、指揮官カードルの存在に依存している。一般に、軍隊を構成する部隊が未熟であり、その成員が偶然的かつ過渡的なものであり、若い指揮官が未経験であればあるほど、指揮官選挙制の原則を適切に適用することが困難であり、一方、逆に、部隊内部の結束が強化され、兵士が自分自身と自己の上司に対して批判的態度をとり、新しい戦争の諸条件のもとでその資質を証明した多数の下級、上級の戦闘指導者のカードルが出現している場合には、指揮官選挙制の原則がより広範な適用を受けうるに有利な条件が生まれているのである。

一六

指揮官の問題は大きな実践上の諸困難を生み出すが、本質的には**原則的**対立の根とはならない。

もし、わが軍が数年間で体系的に編制され、同時に新しい指揮官を養成することができようとも——たとえそのような場合でさえ、自らの内的要請に従ってソヴィエト権力の立場に移るか、あるいは事態の力によってそれに良心的に奉仕する気になった旧指揮官たちの受け容れを拒否する原則的理由は、われわれには何もないはずだ。わが軍の革命的性格は、まず、この軍隊を創設し、これに目標を与え、これを自らの武器としたソヴィエト体制の性格によって規定されている。他方、この武器のソヴィエト体制への適合性は、中心的兵士大衆の階級的構成、コミサールと共産党細胞の組織、最後に党とソヴィエトが与える軍隊の生活と活動の一般的方針によって達成される。

主として労働者と先進的農民からなる新将校団の訓練と教育活動は、軍隊建設のための最も重要な任務の一つである。指導者養成コースおよびその学生数の不断の増大は、軍当局がこの任務にそれが要求するだけの関心を払っていることを示している。参謀本部学校と並んで、指導者養成所と参謀本部学校の中間の水準に位置する五つの学校が組織されている。それにもかかわらず、現今の赤軍の隊列には、非常に多数の旧軍隊出身の指揮官がおり、責任ある任務を有効に遂行している。裏切り者と挑発者を摘発するための選択と統制の必要はいうまでもないが、経験が示すかぎりにおいては、わが軍事組織によって、多かれ少なかれ、事実上順調に解決されている。この点からみて、党はわが軍事政策の再検討に着手すべきいかなる必要性をもたないであろう。

一七

今日までに制定された諸要務令（内務、野外、守備隊）は、軍隊の内部関係、その構成員の権利と義務を明確に規定し、したがって偉大な前進を可能にした。もとより、これはわが軍組織の過渡期性の反映であり、軍隊編制作業における旧「兵営の」特徴が克服され、わが軍が階級的、民兵的に転化するにしたがって、さらに修正を受けることになろう。

一八

ブルジョア民主主義陣営（エスエル、メンシェヴィキ）が、「軍国主義」の出現に抗し、未来のボナパルティズムの基盤に抗すると称して行なう赤軍に敵対するアジテーションは、政治的無知あるいは詐欺、あるいはそのどちらかの同類の表現にすぎない。ボナパルティズムは軍組織それ自体の産物ではなく、一定の社会関係の産物である。反動的な大ブルジョア分子と、まだ独立した政治的役割を果たすことも政治的支配を行なうこともできない革命的なプロレタリアート的下層との中間に位置する小ブルジョアジーの政治的支配が、小ブルジョア（ジャコバン）民主主義の革命綱領の中では解決しえない階級的矛盾を超越する逞しいひとりの百姓《ムジーク》の中にその支柱を見出すことが、ボナパルティズムの発生の必要な前提であった。ボナパルティズムの根底的な基礎はクラークであるということによって、クラークを排除したわが軍隊の社会的構成それ自体がボナパルティズム的傾向に反対する確実な保証である。クラスノーフ体制、コルチャーク体制らにみられるボナパルティズムのロシア版は、赤軍からではなく、これとの公然かつ直接的敵対闘争の中から生まれたのであった。ホーエンツォレルン家の操り人形であるウクライナのボナパルト、スコロパツキーは強靭なクラークを自分の部隊に徴募することによって、赤軍とは正反対の資格に基づいた軍隊を編制した。したがって、プロレタリアと貧農の軍隊の中にボナパルティズムの砦を見ることができるのは、昨日までウクライナ、ドン、アルハンゲリスク、シベリアのボナパルト候補者を直接間接に支持してきた連中だけだ！
赤軍自体が一定の体制の武器にすぎないため、ボナパルティズムやその他一切の反革命に抗する基本的保証はこの体制自体の中に求められねばならない。反革命はいかなる意味においても、プロレタリア独裁の体制より発生するものではない。それは、プロレタリア独裁の体制に対する直接かつ公然たる血まみれの勝利によってのみ権力につくことができるのである。赤軍の発展と強化は、まさにこのような勝利を不可能とするために必要なのだ。かくして、赤軍存在の歴史的意味は、プロレタリアートと貧農の社会主義的自衛の武器、外国帝国主義に支援されたクラークとブルジョアのボナパルティズムの脅威からの防衛者たるところにある。

一九

階級的民兵制は共産主義建設の最終目標ではない。なぜなら、共産主義建設は階級自体の廃絶、したがって、階級的軍隊の廃絶によって階級闘争の廃止を目指すからである。ソヴィエト的階級国家は社会主義経済の組織化に従い、生産と分配の指導機関、文化・行政組織に解消されることになろう。国家は階級的性格を拭いさることによって国家たることを止め、経済的、文化的な自己管理機関となるであろう。これと同時に、軍隊はその階級的性格を喪失するであろう。それは、言葉の真の意味で**人民全体の**軍隊となろう。なぜなら、社会主義共同体には寄生的、搾取者的、クラーク的分子が存在しないからである。この軍隊の編制は社会主義共和国市民の強力な勤労組織に直接依拠し、その補給は巨大に成長する社会主義的生産によって直接調達されるであろう。このような軍隊、すなわち、よく訓練、武装し、社会主義的に組織された人民は、世界史上最強の軍隊となるであろう。それは、なお存在する帝国主義諸国家よりの予期しうる攻撃から社会主義の社会生活を防衛する武器であるのみならず、帝国主義と闘いつつあるこれら帝国主義国のプロレタリアートに断乎たる支持を与えるであろう。

2　実践的措置

以上の基本的立場より、ロシア共産党第八回大会は、以下の当面する実践的措置をとることが必要であると考える。

（一）特別労働者大隊（中隊）からクラークその他の寄生分子を入念に分離することによって、勤労者のみという階級的動員の原則を断乎実行すること。この原則は、たびたびの公式決定にもかかわらず、現在実現されていない。

（二）指揮、管理部門への軍事専門家の任用を継続し、有能な分子を選択するとともに、彼らのうえに、コミサールを通じて実現される揺るぎなき中央集権的な党の政治統制を確立し、政治的、技術的に不適格な分子を排除すること。

（三）指揮官の勤務評定制度を定め、コミサールに定期的評定の責任を課すること。

（四）プロレタリア、半プロレタリア出身の指揮官の養成を促進し、彼らを軍事、政治の両面で改善すること。そのため、後方と前線に、赤色将校の役割を果たしうるための大きな実戦的素地をもつ赤色兵士を、体系的に赤色士官学校に入学させるため、党の代表を主要なメンバーとする資格審査委員会を設置すること。

その課程のカリキュラムは国内戦という状況下での赤軍の精神に適合したものであること。

地方党組織はその課程における政治教育の適切な組織のために特別の注意を払うこと。

（五）地方組織は、専門の活動家を指名することによって、後方部隊の赤色兵士への共産主義教育活動を体系的、精力的に行なう義務を負う。

（六）党中央委員会は、陸軍と海軍の部隊内へのコミュニストの計画的配分を委任されている。

（七）前線における出征軍部隊に対する共産党員の活動を活発にするため、前線での活動の中心を方面軍政治部から軍および師団政治部へ移すこと。政治コミサール、政治部、共産党細胞の権利と義務に関する合意に達した正確な規程を定めること。

（八）軍事人民委員部総務局を廃止すること。共和国革命軍事会議《ソヴィエト》の政治部を設立し、軍事人民委員部総務局の全機能をここに委譲し、その責任者として共和国革命軍事会議のメンバーの権利をもつロシア共産党中央委員会のメンバーを任命すること。

（九）軍事関係諸法令を再検討し、これを可能なかぎり短縮し、指揮官に不必要な特権を賦与するあらゆる遺物や規程を廃止し、政治教育の諸問題に、当然それにふさわしい位置づけを行なうこと。

（一〇）コミサールと指揮官の権利と義務を正確に規定する目的で、コミサールと革命軍事会議に関する規程を速やかに再検討し、コミサールとともに指揮官に経済的＝行政的諸問題の解決権を与え、さらにコミサールに懲戒処分権（拘留権をも含む）と告訴権を与えること。

（一一）軍と方面軍の「特殊活動部」は当該する軍と方面軍のコミサールとに従属すべきことを認め、共和国「特殊活動部」にその活動の一般的指導と統制の機能を委ねること。

（一二）将来、基本法令、規程、訓令などを制定するにあたっては、できうるかぎり前もって軍隊内の政治活動家の討論にかける必要があることを認めること。

第八回党大会の軍事問題秘密会議におけるレーニンの演説（一九一九年三月二一日）

第八回党大会は中央委員会提案としてのソコリニコフ報告とこれに反対する軍事反対派スミルノフ報告をうけたが、この問題に対する討論予定者が多かったため、討論は軍事セクションの会議に移された。しかしこの会議では中央委員会提案のテーゼ支持者は少数で、軍事反対派が多かったため、軍事反対派のテーゼが採択された。中央委テーゼ支持派は討論を大会総会に移すよう要求、これが拒否されたため、会議から退場した。

その後、軍事問題の討論は大会の秘密会議に移された。軍事セクションの会議、大会の秘密会議の議事録は今日まで公表されていないが、秘密会議でレーニンが行なった演説のみが、一九七〇年、はじめて『レーニン文書集』第三七巻に公表された。以下はその速記録の全訳である。なお訳者註は〔　〕で示してある。

同志諸君、私は、軍事セクションの活動に激しい論戦と大きな緊迫感をもたらせ、その一部の諸君の退場までまねいた〔退場が正しくないことはいうまでもないが〕、軍事セクション内の二つのグループの、二つの異なる提案にあらわれた意見の相違を注意深く究明しようと努力した。これらのテーゼ〔軍事反対派スミルノフの〕を注意深く読み、まず第一に、私はわれわれのところではすべてがうまくいっているという判断を否定しなければならない。この点に議論の余地はない。現在、われわれの状態が危機的なものであり、今後もそうであろうということについては、共和国革命軍事会議で活動している同志オクーロフとアラーロフが諸君に語った。このことについては、同志トロツキーを本大会にではなく、危険な状況下にある地域へ派遣することを決定した中央委員会においても、いかなる異論もでなかった。われわれは、われわれが党大会にいかなる損失を与えることになるかということを自覚していたが、しかしわれわれはこういっていたのだ。状況は恐るべきものだ、と。だが、このような不充分さに対する批判が、批判として許されうる範囲をこえている。まず同志スミルノフの名前で提案されたテーゼ第一部の第六項をみよう（読む〔上官と部下との関係を述べたもので、このような関係を「専制農奴体制」の遺物と批判している〕）。

このように、同志諸君、もしこのような表現まで使うのなら、つまり専制農奴体制について述べはじめるのなら、感情的対立が激しくなることは当然である。はたして共産主義者の党の範囲でこう語ってもいいものなのだろうか。私がスミルノフと話しあい、彼がこの事態について語った時、彼はついでにまさにこの規則〔一九一八年一一月二九日、全ロシア中央執行委員会で決定された「内務勤務規程」〕についての苦情を述べた。この規則を私は見ていなかったが、同志たちとは話し合い、その時彼らは私にこう語った。敬礼を強制している、と。そのことを知って私は驚いた。驚き、そしてたずねた。軍事機関で活動している同志たちにたずねた。それはどういうことなのか話してほしい、そして規則を手に入れることはできないだろうか、と。このようにわれわれには大きな不備がある。私は一週間以上この規則を探したが、いまやっと手に入れた（拍手）、手に入れて第一六項を読んだ（読む〔第一六項　勤務中の上官が、隊列を離れている部下に対する場合、帽子をかぶった上官は、常に帽子のところに手をそえ、ただちに下ろし、これに対して部下は帽子のところに手をそえ、手を下ろすことによって上官に応える。この規則は勤務中の部下が上官に対する場合にも遵守される〕）。

私はこの項を読んだ。この項は私の眼についた。私は軍事専門家でもないし、軍人でもないが、この項は私の眼についた。なぜなら、私はこの項に実践的なものとして接したからである。上官が部下に対して帽子のところに手をあげるということで、この項が専制農奴体制を再生させるときくと、私の考えでは、それは完全に正しくない。この項以外、私は何も読んでいなかった。同志ソコリニコフが改正が必要だと言うのなら、いうまでもなく、それは必要であるし、無条件に部分的な不備がある。だが、この問題について専制農奴体制や旧軍隊とまで言うなら、皆さん、諸君がもしそこまで言うのなら、それはそういうものではない。もし諸君がそのようなことを書き、われわれは中農を相手にしているのだと最初に言うのなら、諸君は中農を相手にすることを望んでいるのではなく、エスエルとメンシェヴィキ流の我田引水を望んでいることになる。一体どこに専制農奴体制というものに対応するものを発見することができるのか、考えていただきたいものである。ここにはっきりとみられるのは、諸君がテーゼの中にある部分には過度に熱心であるが、他のところにはそうでもないということである。不完全であることを誰も否定してはいない。規則を誰も擁護してはいない。さらに第一〇項にはこう書いてある（読む〔スミルノフのテーゼ第一〇項では、軍事諸機関の活動を批判し、共和国革命軍事会議と並んで国防会議、軍事人民委員部その他の機関があり、それぞれの機関の正確な任務分担が定められず、その活動において不一致と類似性がみられると批判している〕）。

どうしてこうなのか。革命軍事会議と並んで国防会議を設置したことはわれわれの誤りであったことになるし、これは非難されるべきものであるのだろうか。国防会議はかつて一度も作戦に介入したことはないし――その任務は促進することにある――われわれはそこで赤軍への食糧補給に関する二〇〜三〇の問題をかたづけているのである。ところが革命軍事会議と共に軍事人民委員部がある――ところが彼〔トロツキー〕は革命軍事会議の議長でもある――という非難なのである。これはあきらかに辻褄が合わない。かくされた理由はそうではない。諸君は考えていることを書いてはいない。ここで同志ゴロシチョーキンが発言した時、彼は、中央委員会の政策は軍機関の提言には応えていないと語った。もし諸君がこのような非難をするのなら、もし諸君が、党大会の責任ある発言者が、トロツキーが中央委員会の政策を実行していないとして、彼を非難することができるようなら、これは全く考えることもできない非難というべきものである。疑いをかけるようなことはやめていただきたい。もし諸君がこのことを証明しようとしても、トロツキーにも中央委員会にも役立たない。自己の政策が実行されえないような党組織とは一体どういうものなのであろうか。これは全くありえない空言である。大会出席者でこのようなことを深刻に考えているものは誰もいない。

われわれに意見の相違や誤りがあった。このことを誰も否定しない。スターリンがツァリーツィンで銃殺した時、私はこれを誤りだと考えたし、正当に銃殺していないと考えた。そして同志ヴォロシーロフが引用した資料――第一〇軍における、特に同志ヴォロシーロフの行為によっていかに大量のテロリズムがあったか――はわれわれの誤りを暴露した。私の誤りも暴露されたが、私はこう電報した。慎重にせよ、と。私は誤りを犯した。われわれは皆人間なのだから。いうまでもなくドウィベンコがスモーリヌイで平和条約にサインした時〔首都における一〇月革命直後、ケレンスキーとクラスノフにひきいられたコサック軍の首都攻撃が行なわれたが、ケレンスキー＝クラスノフ軍が敗退、一七年一一月一（一四）日、コサック兵士代表とソヴィエト権力代表ドウィベンコの間で戦闘の停止と首謀者の逮捕がとりきめられた。しかしケレンスキーは逃亡、クラスノフは逮捕されたが、反ソヴィエト活動をしないという約束で釈放された。しかしクラスノフはドンに逃れ、そこで反革命派を組織した」、クラスノフを銃殺すればよりよかったのである。これはもちろん誤りであった。ツァリーツィン流の功績はアレクセーエフのこの陰謀をあきらかにしたことである。スターリンと私の間に意見の相違があった。スターリンは証言したが、このことによって中央委員会の政策が軍機関で遂行されていないというものではないであろう。全軍事機関と中央委員会に投げかけられている疑惑とはこのような非難なのである。諸君はこのことを言うことを望まないが、しかし諸君はこう言いたいのである。ここではその裏付けはすべての人びとにとってあきらかである。まず第一〇項の後半について。「前線における危険の迫った地域における予備軍の恒常的な不足の結果として、またそれと結びついて、機動戦の不可能さ……」。

諸君はわれわれがこのことを知らないとでも思っているのだろうか。戦略に関するさまざまな重要な問題についての中央委員会の会議において――そしてそのようなことのない中央委員会、あるいは中央委員会ビューローの会議というものはない――基本的な戦略問題を決定しなかったというようなことはかつて一度もないのである。たとえば、いまこれは非公開の会議であるから言うが、西部が脅されると同時に北部に敵が前進するとしよう。そうなれば、その両方面にさしむける充分な予備軍はない。われわれは敵が長期間持ちこたえることが不可能であることを知り、ここ数カ月を持ちこたえるといった状態から脱しなければならない。われわれが、ここで、正しい政策をとらないがゆえに恒常的な予備軍が不足していると非難されるのは、滑稽でばかげたことである。このためわれわれは極度に苦しんでいるが、しかし予備がない時には、われわれは常に一方の前線から他の前線へ部隊を移動させている。また中央委員会で、他の地域にいかなる脅威が迫ろうとも南部から部隊を移動させてはならないと決議する場合もあるのである。

私はここで中農に関する問題について、つけ加えておかなければならない。いうまでもなく思想的感化を及ぼす政策が必要であるが、しかしおそらくそれでは不充分であろう。というのも軍隊におけるプロレタリアート的分子はそれほど多くないからである。そこで鉄の規律が必要となる。ところでもし諸君が、これは専制農奴体制であり、上官による敬礼に抗議するのなら、諸君は中農が戦う軍隊を手に入れることはないだろう。ところで、鉄の規律なくしては、規律なくしては、プロレタリアートは中農に対して何事をもなしえないのである。われわれはこの中農を引きつけるためにあらゆることをしなければならないが、しかし、上官が敬礼するという専制農奴的規律に関するテーゼを表明しつつ、中農からなる軍隊を建設するという事業を行なうことを考えなければならないというのである。これは、すべてのものがすがりついている大枝を切りとることを意味する。いいかえれば、ここでは鉄の規律によっては何もできないというのである。われわれが第六項を読むと、同志サファロフはここでこう説明している（読む）。

同志サファロフは、ソコリニコフがそこにサンディカリズムの特徴をみているとして彼を嘲笑した。中央集権制が必要とされる軍隊でそういうことをしてはならない。ここで諸君はあれこれの訂正を加えたが、それでも最終的にそのようなものが残っている。このようなテーゼを採択することができるだろうか。あるいは第一〇項をみていただきたい。訂正前、それはこうなっていた（読む）。

これは合議制指揮ということである。これは全く驚くべきことであり、完全なパルチザン主義への逆行である。これは削除され改正されたが、古い案で採択された。少数派の退場はよくないことであり、全く正当化されえない規律違反である。だが、諸君がこのような項を慎重に挿入し、これを採決に付し、三七票を集めることができたということ、これは正当でないなどという程度のものではない。

これはよくないばかりか危険性をはらんでいる。これはどういうことか。その背後に何があるのか。背後にあるのは、古いパルチザン主義が諸君の中に生きているということであり、それはヴォロシーロフとゴロシチョーキンの発言全体にみてとれるものである。ヴォロシーロフがツァリーツィン防衛におけるツァリーツィン軍の巨大な功績について語った時、もちろん、ヴォロシーロフは完全に正しかった。そのようなヒロイズムを歴史上見い出すことは困難であろう。それは正真正銘の最も巨大な最も優れた活動であった。だがいましがたヴォロシーロフはそのことを語りつつ、パルチザン主義の恐ろしい痕跡を残した次のような事実をあげたのである。これは議論の余地のない事実である。同志ヴォロシーロフはこう語った。われわれのもとにはいかなる軍事専門家もいなかった。そしてわれわれは六万人の死傷者を出した、と。これは恐るべきことである。ロシアの革命運動史の中でツァリーツィン軍のヒロイズムは巨大な地位を占めているが、六万人の損害があった――そして軍事専門家なしですましたのである。一方で、合議制指揮のもとでの軍事専門家、すなわち軍事専門家失せろ、という第一〇項があり、他方では、われわれは軍事専門家なしですませた、そしてわれわれは六万人の損害をこうむった、という同志ヴォロシーロフの発言があるのだ。ツァリーツィン軍のヒロイズムは大衆の中にあるが、われわれは軍事専門家なしですませたと語ること、はたしてこれが党の路線の防衛であろうか。中央委員会は党の路線が実行されていないことに対し責任を負うべきである。同志ヴォロシーロフはこの古いパルチザン主義を放棄することを望まないという点で責任を負うべきである。パルチザン主義が歴史的に一定の時期と結びついているということ、これは正しい。彼はこう言っている。ウクライナではわれわれは専門家なしでやった、と。ピャタコフとブブノフがパルチザン主義を是認する。まさにそこにもピャタコフとブブノフの誤りがあるのである。ソヴィエト権力をめざす蜂起が進んでいる時、パルチザンが不可欠なものであったことを理解しなければならない。しかし、ソヴィエト権力をめざす蜂起がまさに進んでいる時期のわが国の状態を、現在のわれわれの状態にひきうつすことができるだろうか。そのような状態でないことは至極明白ではないか。ところが同志ヴォロシーロフはこのことを忘れ、このことによって完全に自分自身のテーゼをめちゃくちゃにしているのである。一定の時期には不可避であったこれらパルチザン主義のなごりをすでに根絶すべき時なのだ。このような言明は次のことを示している。すなわち、これらの同志諸君はまだパルチザン主義からはい出してはおらず、反対派の誤りのすべては、諸君が、自己の経験によってこれらのパルチザン主義と結びつき、また将来は思い出になるであろうヒロイズムの伝統によってパルチザン主義と結びついているため、現在が別の時代であることを諸君が理解することを望んでいないという点にあるのだ。いまや最も重視されるべきは正規軍であり、軍事専門家を擁した正規軍への移行がなければならない。

諸君はテーゼの中で、一方では――われわれは軍事専門家に賛成――だとしているが、他方では――合議制指揮をともなった――と語っており、自分自身をめちゃくちゃにしているのである。諸君は軍事専門家が裏切り、寝返っていると語っている。はたしてわれわれは、綱領草案の中で、彼らがブルジョワ的世界観に浸されており、われわれの任務はそれぞれの反革命の意図を阻止することである、と語らなかっただろうか。このことは全員が知っている。諸君が物事を自分たちだけの狭い視野からながめていることに私は驚いているのだ。諸君はこう語る。われわれは英雄的にツァリーツィンを防衛した、と。これは正しい。だが、ひとたびこのことをもって登壇し、そして大会にむかって語れば、諸君は党の全路線、全党綱領を破ることであり、諸君は古いパルチザン主義を擁護していることになる。諸君が軍事専門家に完全に反対するテーゼを提案するとき、諸君はすべての党の戦術を破壊しているのである。ここに意見の相違の源がある。だが、諸君が主張する専制農奴制的規律の確立といった根拠のない非難は、なんの役にもたたないのである。ついでにいえば、ゴロシチョーキンは、この屍体はわれわれを破滅させる、とまでいった。よろしいか、ブルジョワ文化と技術そのものに対するこのような否定について、私は何といえばよいのか知らない。われわれは綱領の中で軍事専門家を登用しなければならないと語っており、諸君は彼らを利用しなければならないと言っている。利用は合議制指揮下でも可能だというのだ。いや、決してそうではない。彼らは指揮するだろうし、われわれは彼らと並んでわが方の人物たちをつけるだろう。そして、われわれは経験によってこれがすばらしい結果をもたらすことを知っているのである。同志ヴォロシーロフは、オクーロフが軍を崩壊させたとまでいう奇怪な話に陥った。これは驚くべきことである。オクーロフは中央委員会の路線を実行した。オクーロフは、そこではパルチザン主義が維持されているとわれわれに報告した。オクーロフはこのことを客観的な事実をもって示した。六万人を受け入れることができるというが、われわれの全般的な路線の見地からいえば六万人をも派遣することができるだろうか（ヴォロシーロフ「一体われわれはどれだけ殺害したのか」）。諸君が多数を殺害したことを、私はよく知っている。だが、同志ヴォロシーロフ、君のすべての注意がこのツァリーツィンにのみ集中しているという点に困ったことがあるのだ。ヒロイズムの見地からみればこれは巨大な事実であるが、党の路線の見地、われわれに課されている課題の認識という見地からみれば、六万人を派遣することができないのは明らかである。そしておそらく、もしそこにわれわれが重視する軍事専門家が、あるいはまた正規軍が存在するなら、この六万人を派遣することにはならないであろう。これはパルチザン主義から正規軍への移行であり、中央委員会では数十回にわたって検討したものである。ここではすべてこれらを投げすて、後に戻ることが語られている。絶対にあってはならないことだ。われわれはパルチザン主義の時期を通りすぎたのだ。おそらくいくつかの地域では、あるいはシベリアでは、まだパルチザン主義の時期があるかもしれない。だが、われわれのもとでは、この時期はすでに終わった。もしここでパルチザン主義への復帰が語られるなら、われわれは断固としてこう言おう。絶対に、絶対にそうではない、と。（拍手）

軍隊の建設

スミルガ

第八回大会で軍事反対派の批判をあびたトロツキーは、その後、正反対の側からも批判を受けることになった。一九一九年三月当時の軍事情勢の好転は、コルチャーク、デニーキンの攻勢によって逆転し、同年末までは、赤軍は苦戦を余儀なくされた。戦時共産主義政策に対する不満が、あらゆる階層(特に農民)で澎湃と起こりつつあったのである。このため、軍事政策においてよりリゴラスな姿勢が必要だ、とする軍事専門家(スヴェチンなど)の見解が、一定の賛成者を集めることになる。彼らは、民兵制度が自然発生性に基盤を置く幻想でしかなく、正規・常備軍こそが肝要であると主張し、将来における民兵制度への移行に反対した。彼らとの論争は、二〇年末まで継続される。

この新軍事反対派の最良のスポークスマンが、イヴァール・デニソヴィッチ・スミルガ(一八九二—一九三七)であった。

スミルガは、一〇月革命当時、バルチック艦隊内で党のオルガナイザーとして活躍し、革命後は左翼共産主義者を支持し、トロツキーと激しく対立した。一九年五月には、共和国軍事革命ソヴィエトの一員となり、第八回党大会当時、第一次軍事反対派に所属、その後、戦線での経験もあって一八〇度の転換をとげ、しかし、一貫してトロツキーの軍事政策を攻撃した。とはいえ、党内ではスターリンと公然と対立し、第九回大会以降は、党活動から疎外され、経済建設の領域で活動した。第一四回大会で中央委員に再選出され、ゴスプラン書記、プレハーノフ経済研究所長などを歴任、合同反対派のメンバーとなり、二七年末に中央委員会から除名され、シベリアへ追放される。スターリンの右翼反対派との決裂に際して、ラデックたちとともにスターリンへの支持を表明し、三〇年に復党。三二年に逮捕されて、五年の刑を受け、強制収容所で死亡。

1　旧軍隊の終わり　赤軍の始まり

一九一七年一〇月に革命の中から勝利者として出現したソヴィエト政府は連立政府の遺産として、滅亡を運命づけられていた一つの軍隊を得た。この軍隊は、戦争によって打ちのめされ疲労困憊し、政治闘争によって内側から朽廃しており、その戦闘遂行能力は零に等しかった、だから、それは次第に解体の中に没していく他はなかった。われわれ皆の記憶には、前線から帰還してくる兵士たちを満載した延々たる列車の列の光景が、なお生々しく残っている。兵士たちは辛うじて引きずって歩けるものをことごとく携え、長年の塹壕生活を想い起こさせる一切のものを破壊した。ロシア農民は断じて再び銃を執らない決意をもって自分の耕地に戻ってきた。だが農民は思い誤っていた――農民は再び戦争しなければならなかった、しかもすぐにそうする羽目になったのである。

一〇月革命後間もなく起きた内戦は兵士を必要とした。旧軍隊の中で最もよく勢力を維持していた部隊と自発的に志願した労働者とが戦闘に投入された。本来革命的熱狂によって纏合されているにすぎないこれら部隊は、最初の時期に、南部のコルニーロフ・カレージン兵団や東部のドゥトフ・セミョーノフ兵団に対してきわめて優秀に働いた。革命的志願兵は反革命兵団に対する機敏な行動には立派に対応できた。だが、長たらしい闘争、いわんや正規軍との闘争では、それはまったく無力であった。ウクライナでのドイツ軍との最初の衝突は、このことの明白な証明である。数カ月後に、東部においても同様な証明が与えられた。

二月のドイツ軍による戦争再開によって、ソヴィエト軍形成の第一期が終結した。赤軍組織の根本原理を今一度再検討し、人事の交代に着手することが決定された。この瞬間から正規軍形成の作業が始まる。

Ⅱ　軍事専門家の招聘

ドイツの攻勢が始まった時には軍隊は非常に暗澹たる状態にあった。第一期の編制部隊はすでに解体の危機に瀕していた。敵に対して戦争する代わりに、われわれの部隊は主として「徴発」すなわち――よりよく言えば――掠奪に没頭した。赤軍部隊を歓呼して迎えた住民が、早くも二、三週間後には、赤軍とソヴィエト政府とに対する敵意を抱くことはまれではなかった。どんな軍事規律によっても結合されていない兵士大衆の雑多な集合がもたらしたものは、果てしない集会、選挙、再選挙などであった。どこでも演習は行なわれず、兵士は持て余した時間を映画館や酒場の中で過ごし、彼らの挙動は一般の間に――労働者の間においてさえ――不平を喚び起こした。

この間、われわれの共和国の内的・外的状態はますます切端詰まったものになった。莫大な苦しみによって購われたブレスト＝リトフスクの講和は、当面の安全さえ保障しなかった。他方また、以前の同盟諸国がロシアに対する作戦行動の準備を整えていた。国内の白衛軍分子がことごとく活動を開始した。ソヴィエト・ロシアの行く手には、無数の敵に対する苛烈で長期のたたかいが待ち受けていた。外国帝国主義列強によって支援され、組織された反革命に対する闘争を遂行するためには、革命的熱狂者集団の小規模な集まりではその任に堪ええないことはまったく明瞭であった。一連の会議を経た後、赤軍のために旧将校サークルから軍事専門家を募集し、指揮官選挙制の問題を今一度再検討することが決定された。旧将校を赤軍に招聘する問題が肯定的に是認され、指揮官選挙制度が否定的に斥けられたことは、わが軍の嘆かわしい状態がもはやこれ以上堪ええないことを想えば、無条件に一つの前進であった。それと言うのも、生活そのものがこの問題をソヴィエト共和国の存続問題と結び付けていたからだ。正規軍の形成という錯綜した大事業を果たすのにわれわれに固有の勢力で十分である、などと信ずるのは誤りであった。しごくもっともな根拠から、われわれはそのような勢力もそれに必要な経験も持ちあわせていなかった。

Ⅲ　指揮官選挙制

旧軍隊はツァーリ君主制のもとにおける支配階級の軍隊であった。地主、貴族、その他富裕グループから員数を充填し、何世紀も鍛えられた司令部の構成、並びに、兵営における野蛮な「旧体制」――これらのために、ほとんど排他的に農民・労働者からなる軍隊がツァーリ政府の目標・任務に完全に余すところなく服する、という結果がもたらされた。この申し分なく構築された強力な組織は、戦争によってその最も内部にいたるまで揺るがされ、解体し始めた。ガリツィア、ポーランドからの退却と三月〔二月〕革命とは旧軍隊を完全に破滅させた。〔メンシェヴィキ指導下のペトログラード・ソヴィエト執行委の――訳者〕命令第一号は帝制軍がロシアにとって余計なものになったことの証明を与えた。だが、妥協者たちは事を始めておきながら、それを続ける決心がつかなかった。反対に、彼らの頭の中には、瀕死の軍隊を共和主義国家に適合させんとするありうべからざる考えが現われた。だが、二月革命によって上官のむちから解放され政治生活の共同参与者になった兵士は、革命の背後に取り残されていることはできなかったし、そうすることを欲しもしなかった。ペトログラードやその他諸都市における労働者の闘争は、兵士をなお一層社会闘争の道に駆りたてた。妥協者の戦争継続の試みは、六月攻勢の中に哀れな挫折の憂目にあった。将校の肩章と特権とを、それらの存在がもはや不可能である時に残存させようとする試みは、兵士の不平を喚び起こした。軍隊生活は選挙機関――すなわち委員会――の周りに集中していた、これは軍事的観点からはいかにも何の役にも立たなかったが、こと大衆の政治的啓蒙に関しては膨大な仕事をなし遂げたのである。ケレンスキー政府が持ちこたええないことは、あらゆる人民各層によって感得されていたところであるが、この政権の不安定性は将校たちの間に純化と分化とが進行するのに多大な貢献をした。最も反革命的な者たちは、コルニーロフやその他の反乱を企てる将軍たちの側に投じた。他の者はどこかの強国に「方向指示」を求め、多くの者は中立の態度を執り、ただごく少数だけが革命に加担した。これらすべては一〇月革命によって終止符を打たれた。一〇月革命は帝国主義戦争を放棄し、旧軍隊を見限った。将校層《カースト》の諸特権は廃絶された。位階、勲章、あまつさえ「将校」という名称さえ取り除かれた。いたるところで指揮官選挙制が実施され、これによって軍隊の残存部分から反革命将校を一掃することが可能になった。この制度を手助けにして、そしてその場合にのみ、旧軍隊の動員解除は成功した。

指揮官選挙制は、新しい軍隊にとっては全然使用に堪ええないことが証明された。選挙された指揮官は上官ではない。彼の指図が兵士たちの気に入らなければ、彼は即刻罷免される。ひとたび選挙された指揮官を安定維持させる試みは、ことごとく失敗する。ほとんどいたるところで、卑怯で順応的な人間が指揮官に選出された。不誠実と浪費とが、指揮官選挙制時代ほどはなはだしく猖獗を極めたことはかつてなかった。たった三、四〇〇人の現在員を擁するにすぎない連隊が、欠員がまるでないかのような給料や食料を要求した。誰にも責任を負わせることはできなかった。指揮官は委員会を引き合いに出し、委員会は大衆の意志を最高審判者として引き合いに出した。軍事命令をめぐって何日間にもわたって協議が行なわれ、結局命令は、採択された決議のいかんによって、実行されたり実行されなかったりした。私自身がかかる場面の目撃者であった、ある部隊はそれに対する命令が発せられた七日後に回答して、「当命令の立ち入った討議を経た後で、本大隊はそれを実行しないことに決定した」と、答えた。軍隊における指揮官選挙制の有害性を証明するために、他にも多くの同様な事実を挙げることができよう。だが、そうする必要はなかろう。ただ一つ言っておこう、この原則が軍隊に君臨していた限りでは、指揮官は存在しなかった。指揮官は上官ではなくて、兵士の手の中に操られる玩弄物であった。指揮官選挙制および委員会には終止符が打たれねばならなかった。

Ⅳ 旧将校

私が初めて旧将校たちに相対した時、私は敵を、徹底して悪意を向け、いつでもわれわれに襲いかかることを辞さない、固く結束した閉鎖的層《カースト》なのだと考えたのである。彼らを詳しく識るようになると、この見方は誤りであることが明らかになった。利害を等しくする集団としては、将校カーストなるものは存在しなかった。一方の参謀部付将校と他方の部隊付将校との内部闘争、異なる兵科の将校間の闘争（特権を許された騎兵、教養をつんだ砲兵、従属的な歩兵）、現役将校対予備役将校の敵対――これらが、私が将校サークルをより近しく識るにいたった時に、出くわしたものであった。内部的に分裂に陥ったこの集団がソヴィエト政府に対して統一的態度を持ちえないことは、私には明白であった。ソヴィエト政府に対する敵意ある態度は――少なくとも将校の一部においては――もっぱら誤解によるものとして説明されるべきであって、これには一点の疑問もなかった。革命が勃発した時、将校たちは微塵も政治的に啓蒙されていなかったことを忘れてはならない。彼らはブルジョア新聞や社会革命党の新聞を通してボリシェヴィキを識るにいたった。これらの新聞はわれわれについてたくさんの記事を載せていた、だが、これは何という代物だ！旧軍隊が死滅していく不快な光景は、あまりわれわれの思想を理解することを促進しえなかった。旧世界の一切の支柱を砕き去った革命は、また、旧世界の軍隊をも破壊せねばならなかった。指揮官選挙制と軍隊委員会とは、それなくしては一〇月革命の勝利は不可能であったものであるが、将校はこれを軍隊内に押し入った憶病者の手合いによる裏切りとみなした。すでに平静に語りうるようになった現在、大部分の将校がわれわれに対して一九一七年に行なった闘争はいかにももっともと思われる、と私は認めないわけにはいかない。彼らは、自ら何をなしているのか識らなかったのだ。将校と一緒に同じ仕事をほとんど一年近くなしてきた今、私にはこれが極めて明瞭に分かった。旧将校の圧倒的大部分はソヴィエト政府に忠実かつ良心的に仕えた。われわれの軍隊に入ってきた者の中には、われわれを喜んで外国帝国主義者に売り渡しかねないルンペンももちろんいる。だが、これは例外にすぎない。われわれの敵が完膚なきまでに打ち倒される時までは、しょせん裏切りは絶えず存在するだろう。

人はどのようにでも将校の味方をすることができる。だが一つの事実は確かである、すなわち、これらの将校の助力によってのみソヴィエト政府は軍隊の創設に成功したのであって、当の軍隊は国内白衛勢力に対して勝利的に戦う以上の働きをなしたのである。

Ⅴ　軍事委員会

軍事専門家の招聘は、直接的結果として、差し当たり軍事委員会——後には革命軍事委員会——の結成をもたらした。各委員会は、ほとんどの場合、三名の人員、すなわち、旧将校に属する一人の専門家と二人のコミサールとから構成されている。委員会構成員の権利は同等ではない。軍事指導者、指揮官などど、一言で言えば、軍事専門家は、戦略的性格を有するあらゆる問題において完全な自由を享有する。だが、作戦中の軍隊では、全問題の九〇％は、よしんば厳密に戦略的なものではないとしても、少なくとも「軍事的」内容を有しているのであるから、軍事専門家は現実には完全に自由である。コミサールおよび革命軍事委員会議メンバーの役割は、軍事専門家が執る処置を、ソヴィエト政府に対する忠誠の観点から統制することに限定される。コミサールは軍事専門家が裏切りを働かないように注意を払わねばならず、また、兵士の政治教育に対して責任を負っている。コミサールと軍事専門家との間に意見の相違がある場合には、後者はコミサールが命ずる処置を是認する義務がある。だが、軍事専門家には上級審査機関に上訴する権利が与えられている。これが——手短かに言って——この委員会の単純な機構である。だが、以上述べたことは軍事委員部には妥当しない、そこではコミサールは無制限の権力を有している——これを付言しておかなければならない。政治的統制を行使せねばならなかった決定的根拠は、完全に明瞭である。赤軍中の旧将校は、コミサールがいなかったならば何でありえたか？　零である。このことは最初の時期には特に顕著であった。指揮官の権限に対する兵士の不信は極度に大であったので、かりにもコミサールなしに済ましうるとは、考えることすら不可能であった。コミサールは、将校と兵士との間に横たわっていた溝に橋渡ししなければならなかった。コミサール制度は、共和国の軍事力形成の事業で巨大な功績をうちたてた。いやしくも軍事委員会の助力があったればこそ、現在われわれの軍隊生活が拠っている指揮官カードルが創り出されえたのである。われわれの党員同志が軍事分野の知識を獲得することに成功し、旧将校が共産主義イデオロギーを学び取ることに成功したのも、軍事委員部の助力なしには不可能であった。兵士大衆の間に展開された教育的・政治的活動は巨大な成果をあげたのではあるが、これを特に強調することは、いかにも蛇足である。

けれども、軍事委員部の活動が上述のごとく貴重で肯定的なものであるにもかかわらず、私は軍事委員部に批判を加えないわけにはいかない。今日有用なものが明日には余計なもの、否それどころか有害なものでありうるのだ。

軍事委員部の機構を注意深く検討するならば、ただちに、その不十分性を認識するに違いない。コミサールは、軍事専門家が反革命行動に着手しないように注意を払わなければならない。だが、今、軍事専門家が、彼の仕事と挙動とによって、彼がソヴィエト政府に忠実に仕えることを立証した場合はいかに？　そのような場合には、コミサールは、最も積極的、最も活動的な同志の一人であるのが通例であるにもかかわらず、退屈と無為に縛り付けられるであろう。大抵の場合がこうであり、その結果、コミサールは行政上の仕事と軍事指導とに参画する。だが、これは軍事的教義に矛盾する現象である。部隊の指揮は合議機関《コレギヤ》によっては不可能である。何らかの戦略的問題が、多数の解答を許すことはしばしば生じることである。その場合には、どの解答も妥当性を主張することになる。そして、多分、どの解答も、もしそれが首尾一貫して遂行されるなら、成果を実らせるであろう。だが成功が可能なのは、一つの意志が規定的であって残余の意志はすべてこの単一の意志に従った場合に限られる。合議機関というものは、意見の相違が現われる時には、常に妥協を探し求める。私自身かつてそのような評議に参加したことがある。そこで私が得た印象は極めて惨澹たるものであった、その結果、私は、私と見解を共にしない人々に対し論戦を行なわないことに決めた。この瞬間から私は会議で自分を余計な存在だと感じた。参謀部においては、人はそうする気がある限り、問題を論じ立てて良い、しかし、決定するのを許されるのは一つの意志に限られる。軍事科学のこの根本原理を、私は文民ではあるが、完全に認めた。さらに、多くの軍事委員会においては、その構成員相互間の関係はまったく対立的なものであり、この事実を黙過するのは許されない。ある委員会では指揮官とコミサールが確執し、別の委員会ではコミサール同士が、などなどという具合である。その場合、何か人事問題というようなものに問題があるのではない、概してまったく原理的事柄にこのような実状の罪があるのである。

また、次のことも忘れられてはならない、今日の赤色将校は兵士たちへの関係において、もはや、中間媒介者を要しない。事件は次々と急速に展開していく、だから私はあえて主張したい。なお本年においてもわれわれの軍隊は改造されねばならず、しかも今や単一権限の原理に基づいて改造されねばならない、と。責任あるポストには、ロシア共和国の敵に対して戦う意志と能力とを有していることをすでに立証した人間が就かねばならない。そのような人間を、われわれは現在非常に多く有している、私はこのことをはっきりと知っている。

軍事専門家招聘後の第一期を特徴づけるのは、責任あるポストへの古参の将軍の任命であった。われわれの軍事政策の指導者たちは、一見して明らかなように、以下のような誤った前提から出発した、すなわち、旧将校は高位高官であるほど、より経験を積みより役立つ、と。経験によってただちに、ここには誤謬が横たわっていたことが明らかとなった。私は、当時、北部管区とペトログラード管区との参謀部付コミサールであった。すべての責任あるポストは、この参謀部においては、以前の将軍たちによって占められていた。外部に対しては参謀部は良好な印象を与えた。いたるところで人々が席に着いて働いていた。文書が作製され、電報のやりとりがなされた。あまつさえ計画すら作製された。けれど、これらすべての仕事には、躍動的な生命が欠けていた。戦争も軍隊の建設も参謀部には無縁のものであった。参謀部を兵士大衆とより緊密に結合させようとする試みは、ことごとく徒労に終わった。ここには二つの異なった世界が相対していた。書類の山はあった、しかし仕事は進捗しなかった。将軍たちの他に、まったく別の志向を持った将校の層が存在することを、私はこの参謀部において確信した。ある時、参謀部の大尉で比較的若い同僚が、私に向かって皮肉な調子で「ところで、同志スミルガ、御老人と一緒では、きっとうまくことが運ばないのではないですか？　あなたがたは連中と関わり合う誤りを犯している。あれは生ける屍です」と問いかけたのを、私はありありと想い起こす。参謀部の若干の同僚たちとより近しく知り合うようになった結果、外面的には良好に見える関係が、将校相互の激烈な闘争を秘しているのが、私には分かった。この闘争はあらゆる問題にわたっていて、軍隊建設の原理に関しても、ソヴィエト政府に対する関係に関しても、将校たちは対立し合ったのである。私は一カ月間〔参謀部で—訳者〕働いただけですでに、軍事専門家を招聘した最初の結果について、わが党の中央委員会の席で報告することができた。私は、老将軍たちはわれわれの仕事には採用できないとし、さほど高くない階級の将校を採用する必要がある、との見解を擁護した。この私の見解は、いかなる反駁にも遭わなかった。

中間の階級の将校に論題を移す前に、私は旧将官についてなお数言費しておきたい。責任ある部署から除かれた「御老人」は退場しさってはいない。多くの中央行政の官職には、なお相変わらず旧知の連中が見出される。なるほど彼らはそこで反革命をなしているわけではない、だが彼らが行なうことは反革命よりなお悪い。彼らは旧役人体制の最悪の弊風の復活を助けているのだ。いかなる革命といえども彼らの皺くちゃな脳髄を再生することはできない。彼らから仕事を取り上げれば、彼らは餓死する他はないことを、私は承知している。けれど、それに対しては社会福祉人民委員部が存在している。軍事行政部が養老施設に転変することは、わが軍の活動に壊滅的影響を与える。しかし、この点において例外をなす若干数の将軍を識るにいたったことを、私は付言しなければならない。

われわれの中央の各部署から旧体制の無能分子を一掃することは、われわれの最も重要な任務の一つである。われわれの指導的政治家は、これを眼中に収めていなければならない。

中間の階級の将校に関しては、彼らが赤軍中で果たした仕事を見ることができないのは盲人だけである、と言わなければならない。革命的志願兵団の正規軍への転成過程は、これらの将校の協力なしには考えることができない。われわれの共産主義的同志たちの仕事は、彼らが軍事科学に依拠し始めた時にはじめて、肯定的なものになることができた。しかし、この軍事科学の担い手であり、われわれの同志の教師であったのは、まさにこれらの旧将校であった。この事実は、わが党の同志の多くにとって、どんなに気に入らないものであろうとも、承認されなければならない。裏切りが起きたすべての事例を、ただちに引き合いに出す人もあるだろう。いかにも確かに、われわれは、そのような悲しい出来事を赤軍中で経験し、現在なお経験している。だが、このことから、軍事専門家は赤軍から一掃されるべきである、との帰結が引き出されるならば、それは粗雑な誤りである。同等の権利をもって、工場、鉄道などなどからの専門家の放逐を主張できるだろう。何とならば、彼らの間では、裏切りの事例が将校界においてよりもはるかに頻々とあったのであるからである。そうなれば、ついには共和国の一切のポストはわれわれの党だけによって占められねばならないであろう。今までのところ、マルクス主義者は、プロレタリアートによる権力掌握を、これとは異なって理解してきた。権力掌握を達成した労働者階級にとって、国のあらゆる力を社会主義の利害のために利用しつくすのは、己に課せられた任務である――これが、われわれの見方であった。これらの力を正しく利用しつくすことは、内戦の間は前代未聞の困難事であった、これは私も認める。けれども、この立場を放棄するならば、それはプロレタリア独裁の終わりを意味するであろう。将校はそのほとんどが革命に極めて不満であって、ひたすら報復の瞬間が到来するのを待望しているかのように考える見地は、完全な誤謬である。将校が失なったものは、ただ外面的なものだけであって、例えば、肩章、星印、特権的な待遇などにすぎないのである。ソヴィエト政府のもとで将校の実質的状態は、より良いものに向上した。旧軍隊においては、歩兵将校は農村部の国民学校教師よりも余り多くの給料を得てはいなかった。わずかの給料、果てしない負債、火酒によってしか晴らしようのない単調で退屈な生活

――このようなものが将校の生活であった。富裕な地主、貴族、大産業家などの子弟については、ここでは論じないことにしよう。そのような者は、われわれの軍隊の中にはいない。彼らはとっくに反革命将軍たちのもとへ立ち去ってしまったか、そうでなければ、デニーキン下のウクライナにいる。将校の心理構造は、彼らの教育と以前の勤務とに規定されている、だから、もちろん、ボリシェヴィズム・イデオロギーにとってあまり与しやすいものではない。だが疑いもなく、彼らの実質的状態の改善は、将校たちにとって決定的動因になった。「それなら彼らは傭兵になったのだ。そして周知のように、傭兵はすべて無頼の徒だ」と、旧将校を赤軍に編入することに反対する者は応酬するだろう。これに対し私は次のように答える――現在赤軍に勤務している旧将校は傭兵ではない。彼はロシア軍に勤務しており、ロシア政府に服従している。ほとんどの旧将校は自分たちの勤務をこのようにみなしている。

　私が旧将校について語る時、私は現役の将校を眼中に置いているのであって、戦時に動員される予備役将校を問題にしているのではない。このことを銘記するように、読者の注意を喚起しておく。予備役将校について一言するならば、彼らの階層分化の条件は、共和国の全市民にあてはまるところの階級的・党派的方向選択の諸条件に類似しているように見える。

　だが、〔旧将校招聘の――訳者〕擁護は以上で十分である。今や攻撃に転じ、党の同志に向かって、今までのわれわれの出版物の中で強調されることが余りに少なかったことを言おう。すべての同志は、マルィシェフ、ホフリャコフ、ボルシャコフなどなどの死について知っている、そして、これはもっともなことだ。党は、己の英雄を知らないことがあってはならない。コストロマ連隊は、ウラルで、一回の戦闘だけで、その一二名の旧将校のうち七名を失なったのだが、同志たちはこのことをも知っているだろうか？　恐らくは知らないであろう。あなたたちは第三軍の参謀長シマノフの死について聞いたことがあるだろうか？　彼は参謀部の若くて才能のある将校であった。イジェフスクにおける将校ギネドの英雄的な死についてはどうか？　恐らく、これも知らないだろう。けれども、人はこれらを知らなければならない。なぜなら、これらの血は、われわれの理想のために、われわれの旗のもとに流されたのだから。死者については以上。今度は生ける者たちについて語りたい。ある時、私は興奮した顔を目の当たりにする、そして参謀部の少佐で比較的老年の将校がいら立って喋る話を聞く、彼はある若い共産党員によって、愚かで粗野な仕方で侮辱されたのだった。「私が共産党員でないので、彼は私を侮辱した。だが、実際には、私は彼以上に共和国に貢献してきたのだ。なぜなら、私は一秒もサボタージュしたことがなく、赤軍においてその建設の日以来ずっと責任多い部署を占めているのだから。だが、彼はようやく一九一八年八月に共産党に入党したにすぎないのだ」。彼は正しくないか？　ここではなお多くのことを物語ることができよう。けれど、次のように言う人がいるかもしれないと私は危惧する、すなわち、私は――将校界の中で長期間暮らしてきた挙句に――自ら白衛兵的イデオロギーに捕えられてしまったのだ、と。これは、当然、無法な言いがかりであろう。現在直下に赤軍司令部のカードルを構成しているのは誰なのか？　コミサール、および将校と下士官である。後者は一部が共産党員であり、一部が無党派である。赤色将校養成課程はどれも、軍隊の司令部要員中の共産主義分子を強化し、コミサールの一部を別の仕事のために解放する。軍隊の改造過程は、基本的には、単独司令を原理にして行なわれている。司令という概念は、いよいよもって意義を増している。われわれの軍隊は、軍事専門家も教官も、そのうえコミサールも必要としない。それが必要とするのは、語の十全な意味における指揮官である。戦闘における理解力と意志、兵士に対する愛情、これがすべて一人の人格の中に集中していなければならない。今まではこの三つの契機は切り離されて存在し、軍事専門家とコミサールとに別々に配分されていた。換言すれば、東部戦線の指揮をしていたカーメネフが非常に機智ある仕方で言ったように、「共産党員と参謀部との幸運な組み合わせのみが、百パーセントの司令部を与える」——けれども、合議システムによる軍隊の操縦については、すでに問題として取り上げておいた。

Ⅶ　赤軍兵士

志願兵からなる軍隊は、その本質からして、労働者軍隊であった。そこには農民はほとんど見当らず、わずかに若干の最良の分子が農民階級を代表していただけであった。強制徴募への移行とともに、様子は一変する。われわれの軍隊は、それが農業的ロシアにおいてならねばならないもの——すなわち農民軍隊——になった。この事実は、われわれの兵士たちの心理構造を理解するためには、はっきりと銘記しておかねばならない。軍隊が、なお政治的に相当高度に発展した労働者によって構成されていた時でさえ、指揮官選挙制と自発的規律とに基づいて軍隊を建設しようとする一切の試みが、無条件の失敗をこうむったとすれば、いわんや農民からなる軍隊によって同一の試みをなすことは、余計なことである。幸いに、この試みは、ようやく、行なわれなくなった。志願兵部隊の正規軍への移行過程は、戦争によって促進され、急速なテンポで展開した、そしてこの小冊子が書かれている今、完了したものとみなしうる。ただ時おり、ここかしこの戦線において、過去の時期への後戻りが看取されるだけである。

農民階級の中でもソヴィエト政府が武装させた数百万の大衆は、最大の注意を必要とする。貧・中農からなるこの大衆は、社会革命のためにたたかうであろうか、それとも、彼らが自分の利害を正しく理解するのを学ぶために、ウクライナにおける出来事が繰り返されねばならないのだろうか。これを避けるためには何が起こらねばならないか。これは、われわれが没頭せねばならない問題であって、われわれの軍事政策者はこれに最大の注意を寄せねばならない。わが国の農民階級は社会主義のためにたたかうであろうか。無条件に、しかり――もし、われわれが正しい道を執るならば。われわれによって集められた経験は、現在すでに、これを肯定している。農民階級中にソヴィエト活動が大なり小なり申し分なく組織されており、また、動員と部隊編制とが正当に遂行される諸県は、卓抜した部隊を建設した。これに反し、ソヴィエト活動に従う者がその任に堪えず、誤った方向から農民のもとにおける活動に取りかかった別の地方では、結果は非常に不満足なものであった。そこにおいて編制された部隊は、最良の場合ですら、戦闘能力がなく、最悪の場合には白衛兵の側に投じた。農村部において活動する能力が欠けていることの具体的な一例を取り上げよう。特別税に関する布告は、その理念からすれば、農村部における階級対立を重ねて明瞭に白日のもとに曝し、そこにおける関係を鮮明に結晶させる道具であった。国庫充填の関心は、辛うじて二次的な位置に立っていたにすぎない。残念なことに、全一連の県においてわれわれの同志たちはこの布告を理解せず、ソヴィエト政府は強化されずに、弱体化した。一連の管区においては、この課税は極めて広範に行なわれたので、貧農たちは最後の一頭の牛まで売却することを余儀なくされた。農村部における活動を理解する能力がそのように絶対的に欠けていることは、軍隊に破壊的影響を与え、兵士のもとにおける政治工作が実を結ぶのを妨げる。赤軍兵士は兵舎に座り、手紙を読む、その中では管区ソヴィエトによる彼の経済の破壊が伝えられているのだ。彼の疎外感は、また、別の兵に打ち明けられ、その結果、後者も自分自身の利害を憂慮して不安に捕えられる。このような事実が一、二存在すれば、大隊の戦闘能力は零に押し下げられる。私は、しようと思えば、多くの同様な事例を挙げることができる。前線と郷里は緊密に結び合わされていなければならない。その中にわれわれの力はあるだろう――いやしくも、われわれが前線後方における仕事を正しく組織することを理解しさえすれば。かりに、われわれがそれを理解しないならば、その危険は途方もなく大きいものである。

軍隊への農民の編入によって、司令部の問題は極めて焦眉のものになる。未だ政治的意識が堅固なものになっていない部隊においては、指揮官の役割は非常に大である。もしも、中隊の頂点に有能な共産党員が立っているか、さもなくば、端的に、兵士の全幅の信頼を得ている忠実な将校が立っているならば、平静を保っていることができる。部隊が啓蒙されていればいるほど、指揮官の人格の意義は微々たるものである、逆もまたしかり。残念ながら、有能な共産党員と忠実な将校・下士官とからなる司令部を、われわれは少数有するにすぎない。われわれは、ソヴィエト学校を修了していない人間を責任あるポストに就けるのを強いられている。前線の後方に集結された連隊の司令部が全体として敵側に投じ、部隊を連れ去った少なからぬ例がある。戦闘中の司令部の役割について云々するのは、いかにも余計である。司令部構成員たちが卑怯にも藪の中に身を隠すならば、その部隊は無条件的に逃走するであろう。あるいはまた、兵営における生活を例に取り上げよう。生活が円滑に進んでいる限りは、すべては良好である。だが不意に、何らかの問題が兵士に不満を喚び起こす。中立化され無害化されたソヴィエト政府の敵、つまり旧軍隊の将校は、よしんば彼が反ボリシェヴィキ煽動に積極的に関与しない場合でも軍隊にとって危険な人物になりうる。彼は、無関心な振る舞いと受け身な態度とによって軍隊を分解する。そして、これは公然たる登場よりも悪い。

以上述べたことをもってすれば、それに固有の指揮官カードルを創出することが、赤軍の死活問題であることを洞察するに十分である。戦闘への意志と戦闘する能力とが、一人の人格中に集中されなければならない。さらに、忘れてはならないのは、動員・編制・指揮の各方法を機械的に復活することは、絶対にはねつけられねばならないことである。古い前例に従った部隊の組織化は、いかなる好ましい結果ももたらしえない。ペルミにおける最近の失敗の時に二個連隊が敵側に走ったことは、軍事の分野で活動するすべての人間が前輪の轍としなければならない警告的前例である。個々の人間、例えばコミサールに責任を負わすのは、噴飯ものであろう。組織化の体制は正確に検討されねばならず、一切の欠陥は取り除かれねばならない。

Ⅷ　政治工作と共産党員

政治部は軍隊の不可欠の部分になった。軍隊の政治的啓蒙の不足についてわれわれが云々する場合には、これは相対的意味で理解されねばならない。旧軍隊と赤軍との政治意識を比較するならば、誰でも両者の巨大な相違を看取するに違いない。政治的発展に関しては、長足の進歩がなされた。多数の文献、および、政治活動家《アジテーター》に申し立てられる果てしない苦情の訴えは、このことの証拠である。帝国主義戦争に比較して、あらゆるものが変貌した。戦争自体も、戦争が行なわれる方法も、戦争を行なう人間も。戦争は、鋭く表現された階級的性格を帯びた。前線後方の安穏とした部署はない。また、他の利害のために血を流さねばならない大砲の餌食もいない。ただ憐憫を誘いうるのみであった兵士の代わりに、今ではわれわれは階級的憎悪の念を抱いた戦士を擁していて、彼らの中では革命的義務感と自己意識とは著しい発展を遂げた。軍隊にとって、新聞、書籍、チラシなどは、小銃や食料品とまったく同様に必要なものである。軍隊内、および戦線後方において、政治工作が申し分なく組織されていたところでは、ソヴィエト政府は成功をおさめることができた。軍隊内における自らの任務と立場とを正しく理解している政治部は、司令部の掌中にあるもっとも有力な手段の一つである。コミサールの育成強化、部隊への文献支給と政治活動家の配属、兵士の状態と生活諸条件との調査、コミサールによる司令部の統制と部隊給養の管理——これらはことごとく政治部に課せられた任務である。軍隊におけるこのような仕事の重要性を顧慮するならば、政治部がいかに巨大な責任を担っているかがわかる。遺憾ながら、往々にしてこの政治部は、その機能を少しもまっとうせず、ありとあらゆる事柄に首を突っ込みながら、ただ、その直接的任務だけは実行しなかった。例えば、ある師団においては、政治部が師団長を解任して自ら司令部の後を襲ったことがあった。別の師団では政治部は戦略的問題に没頭し、また別の師団では政治部が自己の権限で勝手に最高指揮権をとる、などなど。かかる動きは、なお未熟な軍事組織に、もっぱら組織的解体と無政府性を持ち込むだけだ。政治部の仕事が、肯定的な結果をあげることができるのは、その長官とこれ以外の重責の政治部員が以下のことを理解する場合に限られる、すなわち、残余の諸部の責任者に比較して、彼らはより多くの義務を負っているのであって、より多くの権利を享有しているのではない、と。政治部の一員を革命軍事委員会に派遣することによって、政治部の意義を高める試みは、成功裡に目的を達することなく終わった。この両者の任務を互いに結合させることは不可能であった。

政治部について云々する場合には、また、軍隊内の共産党員についても考慮されねばならない。いやしくもこれらの共産党員のおかげがあればこそ、軍隊は存立しうるのだ。兵士の間に共産党員が多くいればいるほど、その部隊はより信頼でき、より優秀である。なお最近まで、すべての責任あるポストは共産党員によって占められていた。私はここで読者に向かって、若干の若き共産党員ともはや若くはない一部の共産党員たちの態度に批判を加えるが、そうする資格が私にはあると信じる。軍隊内で勤務した一年間を通じて、私は、われわれの同志たちの軍隊内での行動の様々な組み合わせや形態を観察する機会を得たのである。私は公然と言おう、私は多くの英雄的気質、多くの勇敢さと義務感とを発見した、けれども同時に、頼りなさ、無責任さ、傲慢不遜なども非常に多く見出したのである。

共産党員が忽然として引きずりこまれた戦闘の任務と軍事的四囲とは、まったく特殊な環境である。軍人の風俗と慣習とは、われわれ民間人が習熟しているものとはまったく異なる。われわれの同志のほとんどは、戦争とおよそ軍事に関係のある一切のものに対して敵意をもって対立するように教育されてきた。たしかに彼らは戦争遂行の必然性を明敏に把握しはした。それにもかかわらず、彼らは、およそ軍事に関するものはことごとく遠ざける例の思考様式から自由になることができないでいる。これはとりわけ古参党員に特徴的なことである。自分を特に古参の党員の一人に数え入れることはできないとはいえ、私にとって軍事的イデオロギーの内的論理をわがものとすることは非常に困難なことであった、と言わないわけにはいかない。そのうえ、旧時代の将校に対する共産党員の階級的憎悪、および基本的にはきわめて健全な不信感の結果、理解するのが往々にして非常に困難な諸関係が創出される。われわれ皆が今まで受けてきた教育は、民主主義と同志愛を原理としていた。これらの原理がはねつけられる世界に遭遇する場合には、当初無条件に摩擦が生じる他はないのは当然である。時がたたなければ、同志たちは、正しいのは自分たちではなかったことを理解しないであろう。兵士は、いやしくも与えられた命令は、よしんばその命令に納得しない場合にも、良心的に果たす義務がある――これは軍事科学が教えるところである。この点においては、例外はまったくまれにしか許されない。同じこの科学は、上官に対しては絶対に服従することを要求している。副官が、命令を受けた後で「かしこまりました」と応え軍隊式に敬礼する場面に出くわしたわれわれの同志たちは、とがめるように皮肉なまなざしを示した。私は幾度これを目撃したことか。けれども何週間か後には、当の懐疑家でさえも「かしこまりました」と言うことに慣れた。もちろん、これは些細なことにすぎない。だが、この些細なことがとりわけ非常に問題なのである。

若い党員たちのもとでは、別の種類の困難につきあたる。往々にして若い同志たちは、「共産党員《コミュニスト》」という言葉は一連の特権を保証する一つの名称なのだ、と信じている。かつて貴族の身分があったが、大略これと同様なのだ、と。このまったく誤った観念の結果、往々にして信用ならない無責任な事態が発生するのである、以下の事例はこの点で特徴的である。過ぐる夏私は、参謀部のある部員を何らかの怠慢の科《とが》で三日間の禁固刑に処することを余儀なくされた。私が彼にこれを申し渡した時、彼はまったく憤慨して「失礼ですが、かりにも私は共産党員です」と私に言明した。これにもとづいて私が禁固刑の期間を倍加した時――そうしたのは、わが「共産党員」が私の言うことを理解する能力を絶対的に欠いていたからだが――また、警備本部に歩いていく間、彼はきっと、私が共産党に対して企てた大犯罪に思いを馳せたことであろう。私は、私自身の経験から多くの事実を枚挙することによって、読者をうんざりさせたくはない。私は次のことを言うにとどめよう。共産党員は、いやしくも軍隊において責任あるポストに就く場合には、何はさておき自ら学ばねばならないのであって、それからでなければ改革活動にとりかかることはできない、と。かつて一人の旧将校が私に向かって言った――「貴方たち共産党員を観察するならば、貴方たちはまったく有能で決意の固い人びとだ。けれども、貴方たちはおよそ根気というものを持っていない。私の目の前でごく短期間に三人の政治部主任が次々と交代した、そして、その各々が自己の流儀で仕事をした。かりに各師団長がてんでに自分の好みに応じて師団を組織しようとするならば、一体どんなことになるだろう！」と。

軍隊に勤務している共産党員は、他の誰よりも多くの権利を有しているのではなくて、反対に、自分ははるかにより多くの義務を負っているのだ、と自覚していなければならない。前もって軍事教練を受けることなしに、軍隊に召集された共産党員は誰でも、軍事教練を経ている人間のもとで学ばねばならない。つき従って学ぶべき当の人間が旧将校であろうと、共産党員であろうと、そのいかんにかかわらず学ばねばならない。諸君は旧将校を信頼しないことも、あまつさえ彼らを憎悪することも可能である。けれども、進んで彼らの教えを受けることを、諸君は義務づけられているのだ。かりに、これを了解しないならば、軍隊を去れ。なぜなら、もし諸君がそこに留まるならば、諸君はいっそう革命の大業を害するからだ。われわれの軍隊の未来は、たしかに共産党員のものだ。しかし、この未来へいたる道は有機的なものであって、およそ経験は、現在それを有している人々から継承されねばならず、かろうじて歴史的価値を持つにすぎないものはすべて、そしてそれだけが投げ捨てられねばならない。だが、機械的な行動によって、われわれは大業を害しているのである。

Ⅸ　われわれの誤り

われわれが軍事の分野で犯したすべての誤りを余すところなく特徴づけるためには、わずかの頁では足らない。この問題を今一度より詳細にとり扱うことは、後の機会に保留しておいた。しかし今、手短かに同志たちに向かってそれについて若干の言葉を費しておきたい。

一　私がわれわれの現下の軍事政策に対して深刻な異論を向ける第一の問題は、いわゆる地域的部隊編制の問題である。一定の条件のもとでは、地域的部隊を編制することは、肯定的な結果をもたらしうることを否定することはできない。特定県の住民から徴募された部隊は、共通の生活様式と文化的条件とに裏打ちされて、固く結束した連帯的集団となることがまれではない。「同郷人」をもって組織された連隊は、勇戦奮闘した、けれども、それは異郷においてだけであった。自分の郷《くに》において、自分の村の近隣においては、「土地の人間」は良い戦士ではない。赤軍からの脱営の統計がこれを証明している。兵士は家に憧れる、ところが彼の家は連隊のごく近くにあり、しばしばほんの数時間で帰着できる。兵士は、彼の戦友の多くが同様に行動することを知っている、そして、全員を銃殺するのは不可能であろう。それゆえ、兵士を威嚇するあらゆる刑罰にもかかわらず、彼は家に帰る。赤軍兵士の逃亡が管区人民委員部に通知される前に、彼はすでに兵営に戻っていることがまれではない。かてくわえて郷里の村の近隣は、なお次のような好ましからざる性質を持っている、すなわち、そこでは兵士の思いは、その軍事勤務によりも自分の家の出来事により多く奪われる。彼の村の生活を伝えるのは手紙だけではない、ほとんど毎月兵士の類縁者が彼を訪問する。その結果、兵士は村のあらゆる生活問題について規則的に情報を受けとり、村の動きに遅れることはない。われわれの現下の状態においては、右に言及した二つの事実を勘定に入れることを余儀なくされている。ソヴィエトの制度とソヴィエトの規律とが多くの遺憾な点を残していることは、万人周知の公然の秘密である。

地域的部隊編制が必然的に伴う不都合が、あるいはともかく除去されえたとしても、これらの部隊をその郷里の地で戦闘に投入することは、ほとんど不可能である。その地の住民から徴募される兵士たちは、軍事的企てに際して、攻撃に出ることも退却することもできないのである。兵士にとって、自分の郷里から身を引き離すことは困難である。かつて、サマラにおける攻撃の最中に、部隊がある大きな村を通過した際、その擁する兵員の半数を失なったことがあった。司令部の英雄的努力の甲斐あって、その村から五〇ヴェルスタ〔約五三キロ〕離れたところで部隊が再集結されえた結果、初めて作戦行動は成功したのである。退却に際しては、ことは一層悪い。部隊指揮官の報告の中では、行方不明者の数が、常に大きな役割を演じている。とりわけこの数が大であるのは、その地の住民から編制される部隊においてである。かつては、行方不明者とは捕虜のことであると了解されていたが、現在では、自分の家族のもとへ帰郷する兵士のことである。

こうしたすべてのことについては、われわれの軍中央は久しい前から報告を受けとっている。それにもかかわらず、政策のいかなる変更もみられない。ウラルにおける悲しむべき出来事は、戦闘に投入されたのが主としてその地方在住の農民であったことによって、その多くが説明されうる。ペルミにおける悲劇ですら、われわれの軍中央の硬直した感覚を打破することに成功しなかった。これらの経験によっても、軍中央はことを納得しなかったように思われる。

二　第二の誤りとして、私は、戦線後方における大戦闘単位の編制を考察しよう。戦線後方では人が飢えと寒さに苦しんでいることは、誰一人知らぬ者はない。そのうえ、そこにはわずかの人間しかいない。戦争は、共和国の最良の部分をことごとく前線へ移してしまった。したがって、後方地において大部隊の編制に着手することは不可能であるように私には思える。だからと言って兵士に何週間も不満足な給養を与えるならば、親ソヴィエト政府的な志向を持ち戦闘能力のある部隊を創出することはできない。かててくわえて、最良の司令部構成層は前線に立っており、後方の師団においては、なお赤軍に対する二心のない姿勢を明らかにしていない、旧ツァーリズム下の将校や下士官で満足しなければならない。その結果、外面的にはいかにも軍隊組織に似ているように見える一つの組織を受けとることになる。しかし、それは現実には軍隊組織などではないのだ。経験が教えてくれたように、これらの部隊は、いったん前線に着くや否や、およそ戦闘には絶対的に無能力である。これらの部隊は、徹底して改編され、前線兵士と混成される場合にはじめて、戦闘単位として用いることができる。これらの戦線後方の師団に関して最も悲劇的であったのは、次のような事情であった。すなわち、それらの師団は必要な予備部隊を適時に前線に派遣した例《ためし》がまるでなかったのである。人が飢えと寒さに苦しんでいる戦線後方においては、戦闘遂行能力のない師団が編制され、前線においては、歴戦の戦闘能力のある師団が血を流している――われわれはこうした事実に直面しているのである。ある管区では膨大な数の師団が創出される、しかし、第三軍にあっては、ウラルのプロレタリアからなる決死的諸師団の残存部が壊滅したのである。そのような基幹部隊は改めて設置するのが容易にはできないことを、われわれは忘れてはならない。けれども、かりに予備部隊が適時に到着したならば。それは救われたことであろう。これらの部隊編制の体系は、即刻、検討されねばならず、共和国にとってきわめて破滅的な勢力の浪費には、最終的に終止符がうたれねばならない。

三　誰がわれわれの誤りの責を負っているのか、誰がそれに対して責任を負わなければならないのか。何よりもわれわれ自身である。私の意見によれば、われわれは強力な中央を創出することを理解しなかった。もし、ことが正しくなされていたならば、中央は生活のあらゆる現象に的確に対処し、軍隊と軍事作戦行動との発展経路を明瞭に見通したであろう。一九一八年一月のペトログラードに対するドイツ軍の攻勢以来、非常に多くのことがなされた、それどころか、恐るべきまでに多くのことがなされた。それにもかかわらず、改善せねばならない点は残っているのであって、もし、各地にわれわれが軍中央を経験の基礎の上になお一層立派に築きあげるならば、多くの誤りは避けられるであろう。交通と全経済生活が破壊されたところで戦争を遂行するのは、もちろん、非常に困難である。けれども戦争を行なうことを強いられる場合には、微塵も躊躇せず決然となさねばならない。事実に即した批判は、常に有用である。真実は隠蔽されえない。真実は、ウラルで現に起こったように、白日のもとに曝される。誰に責を負わせるべきだろうか。多くの客観的諸条件に、だが同時に、多くの主観的諸条件にだ。そして責任を有する者は、名指しに指摘されねばならない。だが、破局が迫りくるのを人は見、そして、それについて多言が費された。中央部が揺り動かされるためには、まず破局が現出せねばならなかったのだ。中央部は根底から組織を改めねばならない。これが私の結論である。

X　われわれの課題

当面する将来において、最も重要かつ第一の課題は、単一指揮の原理に基づく、わが軍隊の改造である。私は断言的《カテゴリッシュ》に主張する、生活がすでに当の問題を決した、と。合議制度は時代遅れのものと宣言されねばならない。軍事革命委員会についてすでに述べたことに加えて、私はなお以下のことをつけ加えることができる。コミサールは、周知のように、軍事専門家の行動を統制する。軍事専門家が裏切りを働いていることが露顕するならば、コミサールは裏切者の頭を弾丸でブチ貫かねばならない。けれども、そのような事例は、私の耳に一度も届いたことがない。だが、裏切りの事例は、頻繁にあったのだ。それならば、これは何によって説明されるべきなのか。以下の単純な事情によってである。すなわち、人は、純粋に生理学的理由のために、他人の頭蓋の内部に何が生起しているかを見ることはできない。いやしくも、彼が裏切りを働くことを決意したならば、よしんば非常委員会《チェーカー》の最も辣腕の部員を監視に立てるにせよ、彼は裏切り行為を完遂するであろう。これは、いかんともしがたい。したがって、コミサールはここでは何も救うことができない。かくして、ソヴィエト制度擁護のためになお残るのは、以下の第二の論拠だけである。すべての命令が軍事専門家によってだけでなく、また共産党員によっても署名されるのを承知している部隊は、これらの命令に一層大きな信頼を抱くであろう。かつて、この事実が大きな役割を果たした時期があった。評議制は無条件の必要物であった。今では、事態はこれと異なっている。司令部のカードルを構成しているのは、共産党員ならびにソヴィエト政府に対する忠誠をすでに立証した将校である。彼らは兵士を親しく知っており、兵士も彼らを親しく知っている。これによって、評議制を擁護する第二の議論も破産する。反対に、合議制度は一連の否定的側面を有している。コミサールをわきに据えられた軍事専門家は、往々にして、このコミサールを付けられない場合よりも、自己の責任は軽くなったと感じる。未経験なコミサール（そして、これは少なくはない）は、軍事専門家にとってもっぱら隠れ蓑としてのみ役立っている。軍事専門家を強制して、コミサールなしに方向を決し任務を遂行するようにさせることが必要である。赤軍が用いるのは、そうする能力のある人間だけである。ただ彼らだけが組織化を進めることができ、彼らだけが指揮することができる。これ以外の者すべては、容赦なくとり除かねばならない。「軍事専門家」「教官」などのような愚劣な名称は、今やついに軍隊から排除することが必要となった。軍隊は、ひとえに兵士と指揮官だけを要するのだ。

第二の課題は、赤軍固有の指揮官カードルの形成である。これは第一の課題と直接に関連している。すでに現在、この方向にむけて強力な努力がなされている。にもかかわらず、この努力はなお何十倍も強化されねばならない。われわれの合言葉は、「すべての有能な共産党員、すべての有能なコミサールは、赤色将校であらねばならない」——これであるべきだ。兵学校や指揮官養成課程の設置のためには、われわれはいかなる手段もいかなる努力も惜しんではならない。共産党員のための中級・上級軍事教練の必要性を徹底させるために、党内部に強力な煽動を展開する必要がある。このようにしてのみ、われわれの数百万軍隊のために、信頼するに足る指揮官カードルが創出されるであろう。最後に、軍事作戦の正しい指導や部隊の組織化のために、強力で有能な中央部が創出されねばならない。この場は、そのような組織の具体的な形態を確定するところではないであろう。けれども、次のことは言っておかねばならない——すなわち、われわれが現在擁しているような類いの中央部は、堪えがたいものとなってしまった。少数の、だが権威を有し前線を熟知した人物からなる中央部が組織されねばならない。軍隊の組織改造を、われわれが精力的に遂行すればするほど、それはますます戦闘能力を増し、われわれはソヴィエト・ロシアの敵を一層急速に征服するであろう、と。

＊　＊　＊

軍隊建設に関して、この一文を書く決意をした時、私は、個々の同志たちを相手どって、論戦する意図は持っていなかった。また、中央を攻撃する意図もなかった。それにもかかわらず、私が誰彼を批判することを余儀なくされたとすれば、その罪は私にはない。私は、私の主張のすべてを、一連の事実によって裏づける用意がある。多くの問題が、なお十分に解明されてはいない。私は、寸時の暇をみつけては、列車の中や参謀部において書いたのであって、書くのは常に任務の最中においてである。

私はすでに久しく前線にあり、軍事組織とその中の活動を評価することを学んだ。運命はわれわれを革命戦争に引きずりこんだ。革命軍に対する好意的な態度が、われわれの党内において優位を得はじめた。そのような雰囲気に、筆者も導かれているのである。

〔本論文は新暦表記によるので、旧暦とは一三日の差がある――訳者〕

ロシア共産党第九回大会

ロシア共産党第九回大会は、一九二〇年三月に開催された。内戦はすでにソヴィエト権力にとって決定的に有利となり、党大会での最大の討論は、経済建設に向けられていた。トロツキーは、民兵問題を射程に入れて、労働軍の創設を提案し、トムスキーなどの労働者反対派と対立した。問題は、内戦後の在り方に集中し、軍事政策の面では、かねてからの懸案である民兵制度への移行に、焦点が当てられていた。

少数の反対派を除いて、この移行を党大会で基礎づけることには、なんの反対もなく、トロツキーの報告とテーゼは、討論なしに、満場一致で採択されている。

彼の報告は、民兵制度の原理的な位置づけ、その具体的な編成の在り方、移行に際して必要な措置などを述べている。最大の問題は、民兵制度のもとにおける軍隊と労働との「相互浸透」であり、軍隊の労働化、労働の軍隊化であった。したがってトロツキーの報告は、同大会で彼がすでに行なっていた「経済建設に関する報告」と対《つい》になっている。

労働軍の提示は、労働者反対派とトロツキーの対立を尖鋭化させ、二〇年から二一年にかけての労働組合論争のなかで、繰り返し議論の対象となり、ネップへの転換によって現実的基盤を失なっていく。

トロツキー「民兵制度への移行」に関する報告

議長　開会を宣言する。大会の議事日程により、「民兵制度への移行」について審議したい。同志トロツキー、報告をどうぞ。

トロツキー　同志諸君、いかなる体制のもとでも、軍隊はその体制の基本的特徴を、最も尖鋭な形態において反映するものである。ソヴィエト軍が反映しているのは、われわれのソヴィエト体制が持っている過渡的な特徴である。ソヴィエト体制は、現在、新しい時期へと内的に進化しつつある。それは、経済戦線へと主要な注意力が向いている時期である。その実現は、労働者階級のこれまでの闘争、赤軍の勝利によって確定されている。現在、経済建設へと注意を移すことは、当然である。同時に、赤軍自体、ソヴィエト共和国の発展における新しい時期によりよく適合させるために、労働者、農民の国家防衛組織として、改変させなければならない。言うまでもないことであるが、ある国がすべての戦線で激しい戦闘を行ない、その軍事勢力を東西南北あらゆる方向において武装させている時には、兵営にある正規の常備軍と民兵軍との間に原理的・組織的な差異は存在しない。というのは、軍隊の民兵という組織形態は、準備期間を特徴としており、また、登録、動員、編制、部隊設立の特定の形態を特徴としているからである。だが、部隊が戦線に送られる時から、それは原理的に特殊な組織的特徴を失なう。国内・国外の事件の重圧下にあってわれわれの部隊を大急ぎで創設せねばならず、また、われわれの赤軍がほとんど戦線にあって戦闘中に創られたこれまでの時期において、われわれの栄光ある赤色騎兵部隊に依存したのは、このゆえなのである。その指揮官は、本会議の出席者であるブジョンヌイとヴォロシーロフである（拍手）。もちろん、こうした時期においては、真の民兵制度の設立について語ることはできない。それは、この時期においては、われわれにおける一般軍事教育の萌芽的組織形態であった。現在、民兵制度への移行は、いかなる根本的な理由によって惹起されているのであろうか。民兵という綱領での解答は、共和国や普通選挙権と並んで、ブルジョア民主主義綱領の基本的な部分なのである。

民兵という解決は、ブルジョア民主主義の全綱領と運命を共にしている。民兵というイデーは、ブルジョア社会における全階級の和解、国土に関する統一戦線の結成にある。こうしたブルジョア的観点は、それが階級的観点ではなく、あたかも超階級的な観点であるかのように見える。その観点は、第二インタナショナル内でも、発生している。諸君が、民兵制度についての華々しい著作の一つ、ジャン・ジョレスの本〔『新しい軍隊』一九〇五年〕を取りあげてみるなら、そこに、保守主義者、衒学者、兵営的な旧軍隊についての時代遅れの理論家に反対して、民兵の華々しい擁護を発見するであろう。しかし同じように、ジョレスがきわめて尊敬すべき社会主義者であるにもかかわらず、小ブルジョア的民主主義の一切の幻想、一切の偏見をも発見するであろう。彼は、軍隊の民兵的な形態は、民主主義的共和国という枠内で、動員された市民の間にしだいに浸透し、その色を塗りかえ、社会主義化するであろうことを、また、彼らの間での対立を消滅させそれに応じて、共和国が経済の分野において立法によって行なうのと同様に、軍隊が、共和国とともに、その不可欠な構成分子として、深刻な動揺や革命を抜きにして、社会を社会主義建設の軌道に乗せることを期待したのである。

これがジョレスの観点であった。ベーベルは、ジョレスよりもはるかにより深く社会主義を洞察していたが、それにもかかわらず、彼の民兵に関するパンフレット〔『常備軍か、民兵か』〕において、軍隊組織の問題については、かなりの程度、民主主義的、つまり、本質的に小ブルジョア的な幻想を支持していた。帝国主義戦争（それは、専制国家だけでなくブルジョア共和国をも暴露した）だけが、帝国主義戦争とそれに続く革命、そしてわれわれの赤軍建設だけが、こうした重大な事件だけが、軍隊の形態は、その階級的本質を決定するものではないことを、教示したのである。軍隊は、その組織において、兵営的でも民兵的でもありうる。だが軍隊は、特定の階級国家における特定の瞬間において、支配層の特徴、必要、利害を反映するものである。したがって、われわれが現在、民兵綱領を提起するのは、すでに国内できわめて尖鋭な闘争、生みの苦しみ、社会主義社会の発展という時期を通過していない他の国における民兵の調停に達するためではないのである――決してそうではない。われわれは、そうした小ブルジョア的民主主義の幻想をまったく拒否する。かつて民兵制度のために提起され、現在も提起されている別の考えは、民兵制度が、国土防衛にとってより安価な制度だ、ということである。このことは、その純粋の形態においては、同様に誤まりである。むしろ反対に、国土防衛の民兵的な組織形態は、その展開された姿においては、全国民に必要な補助的設備を必要とする。それは、学校教育や徴兵前の教育、国家によるスポーツの全面的で広範な組織、軍事競技の組織、必要な競技場、射撃場、射的場の設立である。そのうえ、民兵制度のもとにある軍隊が、国民大衆の労働の場に接近するために、地方にそれらを分散しなければならない。これらすべてが包まれるなら、その場合、民兵が正規の常備軍より安価ではありえないことは明らかである。良好に組織され発達した民兵自体は、より高価であろう。というのは、それは比較にならないほどより広範な大衆を編入するからである。一切の核心は、民兵が（これが第一の基本的な考えである）国の全住民を編入させ、有能な人びとに武器を与え、あらゆる国の発展過程によって規定されることにある。このことは、最近の帝国主義戦争の時期に現出した。経済発展がまだ弱く、通信・輸送機関が貧弱であった限りでは、軍隊は住民のわずかな部分から成り立つのである。一七世紀また一八世紀においてさえ、いかなる国も、住民の多数からなる軍隊を呈示することを考えることすら不可能であった。一九世紀および二〇世紀初めにおけるブルジョア的生産形態の発展と帝国主義戦争が、現在の国々は、技術的にきわめて強力できわめて富んでおり、戦時期においては降伏する前に、常により新しい年齢層や常により新しい社会層を血みどろな戦いの闘技場へと追いやるのだ、ということを示した。それゆえに、実際、帝国主義戦争の時期においては、あらゆる国が民兵を採用したのである。というのは、常備軍が五〇万から六〇万人の兵員で構成され、その数に限定されていたのに対して、戦時期には、野戦軍は五〇〇万から六〇〇万人で構成されたのである。われわれは現在、戦場において、すでに民兵を持っている。しかし、それは大急ぎ集められた劣った民兵であり、即興的に作成され、組織的準備があらかじめ行なわれていない民兵なのである。

ここで、戦前および戦時中の軍隊における兵員数について、基本的な数字を挙げよう。ロシアにおいては、戦争直前の兵員は一三二万であったが、戦時には七〇〇万となった。フランスでは、平時には六三万、戦時には四五〇万であり、ドイツでは、平時には七六万、戦時には五五〇万、オーストリア・ハンガリー帝国では三九万と三五〇万、合衆国では二五万と一三〇万であった。

それゆえに、戦時における兵員数は、平時における数と比較すれば、五倍、七倍、九倍に増加している。これは、この数に対して管理機構と幹部が対応されておらず、敵に対する正規軍の急速かつ電撃的な攻撃の基礎となる一切の目算は実証されなかったことを示している。あらゆる国は、多量の予備軍、つまり、広範な国民大衆を引き入れることを必要とした。いかなる政府も、こうした目算について、準備をなしえなかった。

帝国主義諸国には、したがって、常備軍が存在していた。その常備軍は、戦時においては、不完全かつ不十分であると判明し、ただちに民兵に取って換えられた。常備軍は、戦闘においては、より弱体であると判明した。開戦後二年目の軍隊は、一年目の軍隊より弱体であり、四年目の軍隊は三年目の軍隊よりも弱体であった。かくして、軍隊は、戦争が長引くにしたがって悪化した。しかも、戦争は、いかなる国も戦争の初期においては、自国の広範な大衆を動員し、駆りたて、一人前にし、装備することに有能ではなかったために、長引いた。すべての国が、常備軍というイデーの巻き添えになったのである。

だが、帝国主義諸国は、現在の条件、つまり、帝国主義戦争が残した遺産のもとにあって、明らかに、平和時へその軍隊を溶けこませることができていない。これは、困難で深刻な階級的対立なのである。他方、われわれも自国において、共産主義的に組織された国民へソヴィエト組織を溶けこませる段階には、まだ到達していない。われわれは、労働者階級と貧農による階級的独裁を基調として生活している。われわれのソヴィエト軍は、この体制の反映である。民兵軍という新しい形態もまた、労働者階級と貧農による独裁体制を反映するであろう。こうした広範な勤労者層と関係することで、われわれはその可能性を持ちうるし、民兵制度の創設を始めるための道徳的・政治的権利を得るであろう。われわれの赤軍の創設は、そうした政治的可能性が、われわれの側にあることを示している。

われわれは、全世界の前に、われわれの脱走兵名簿や裁判所の活動を、公然と提示しうる。また、帝国主義戦争後にも脱走兵の数は多かったし、裁判所の活動は、若干の時期には、きわめて厳しいものであったことは確かであるが、そうした手段以外に、帝国主義戦争後のわれわれのようなかなり消耗した国においては、いかなる手段も存在しえなかったし、動員に着手することもできなかったのである。われわれは、一三の年齢層を動員した。また、一四番目、一五番目の年齢の一部をも動員した。こうした動員が、あちこちの地方で、かなりの混乱があったことは、言うには及ばない！　このことが、われわれに、民兵的な軍隊組織への移行の必要を示しているのである。私は、この民兵の費用がそれほど多くないと考えるのは誤まりであることを語った。だが、問題の本質的な点は、国が武装防衛のために負担する費用よりは、むしろ生きた労働力の節約にあるのである。問題の根源はそこにある。軍隊を持つためには、生産することが必要であり、生産するためには――工場や、われわれの労働力が開花する場が保持されなければならない。このゆえに、常備軍は不可避的に数的な制限を受けた軍隊であらざるをえず、労働者の常備軍の犠牲の上に維持されるのである。だが、常備軍は、戦線に派遣されるとすぐに、ブルジョア的人民であるという現在の生存条件においては、いかなる特定の国民の抵抗力を測り、決定するにも、まったく不十分であることが判明するのである。労働の場にある労働者の大量で自然発生的で突発的な引き抜きによって、巨大な軍隊の建設が充たされるのである。その軍隊は、平和時の発展という以前の時期においては、あらかじめ予期されなかったものである。常備軍は、その性質上、国の経済発展と矛盾する。民兵が、常備軍に比して基本的に有利な点は、それが防衛と労働を分断せず、軍隊を労働者階級と分離しないことである。私は繰り返すが、諸君は、小ブルジョア的新聞や演説において、民兵は経済的で安価な軍隊であるという主張にぶつかる。これは正しくない――民兵は高価な軍隊である。民兵は、全大衆の意識のより一層の文化的向上、広範な地方組織、優れたタイプの幹部、武器や装備の膨大な予備を前提としている。国家が戦闘力のある住民すべてを動員させようと望むなら、武器や装備の膨大な予備を持つことが必要なのである。これらすべてが、巨額の費用を前提としている。だが、民兵制度は、経済生活から勤労者や生産者を引き抜きはしない。引き抜く場合でも、最小の期間でしかない。それは、その有利な側面である。すでに私は語ったが、民兵の基礎は、防衛と労働の結合にあるのであり、われわれの仕事が、あらゆるかつての熟練工、訓練された労働専門家、組織的労働者の助けによって組織されている以上、民兵軍の脊柱は、工業労働者階級より成り立たなければならない。われわれは、そこから出発しており、そのため、今後、労働組合が軍隊組織の活動において、大きな役割を果たすことが必要なのである。われわれは、労働の軍隊化を語る時、今しがた私が示したように、それに対して別の課題――われわれの軍隊の工業化をも提起するのである。それは、軍隊を、特定の指導、特定の体制、労働者階級の特定の組織形態に服属させることである。民兵軍は、その本質において、地域的な軍隊である。つまり、民兵軍は、軍事部隊とともに特定の管区に所属する特定の地区にある軍隊なのである。これは、われわれにあっては、最初は、一般的軍事訓練のかたちで存在している。その理念に従うなら、特定の管区に所属している戦闘能力のあるすべての住民は登録をされ、全員が中隊から始まって師団に終わる一定の軍団に入れられる。全軍隊を民兵的な状態へ移すべきであるがゆえに、われわれは潜在的な状態、つまり、外からは見えず隠れている状態のうちに基盤を持たざるをえないし、軍隊の力に応じて、中隊、連隊、旅団、師団の幹部を持たなければならない。一定の管区――例えば、行政管区――が軍管区と平行してあり、それが師団管区、旅団管区、連隊管区へと区分されるのである。われわれは、その手本として、ウラル州およびプリウラル州を持っている。その五つの県で、である。五つの県は同一の地域を代表し、そこでは、地方の勢力から創られた完全な軍隊が編制されている。その軍隊は、単に歩兵部隊、騎兵部隊、砲兵部隊を持つだけでなく、完全な特殊工兵部隊をも持っているのである。ウラル管区においては、軍隊の管理機関すべての用意が整っている。もちろん、縮少されたかたちでではあるが。この管区は、師団管区に分かれている。すべての師団管区は、基幹となる部隊――師団管区機関を持っており、この機関は、平和時においては、全住民の登録を行なう。住民は、師団に包含され、その住民を訓練して、特定の地域の戦闘能力のある住民を、個々の部署において、召集の瞬間、命令の瞬間に動員するのである。また、定員を限った一定の正規部隊が創設されている。問題の核心は、軍隊の管理機関が、当該地の住民の数と構成に応じて、地域に割り当てられることにある。われわれは何によってこうしたすべての管理機関を作るのであろうか。まず現在の労農赤軍からである。われわれは漸次的な動員解除を行ないつつある。その際、動員解除はまず、より長く戦線にあって戦ってきた年長のグループから行なわれる。弱体な赤軍部隊の管理機関は解体されるが、強力な部隊の中核は保持され、地域的民兵機関へと再編されよう。例えば狙撃師団において、その一つを構成人員の解除のあとで、師団管理機関だけは保持する。それはウラル管区の一つ、例えば二つないし三つの郡にふり当てられる。そこで機関は三つの郡のすべての男子の登録を行なう。そして郡の男子すべてに軍事訓練を強制する。また動員の場合に必要となる武器や補給の予備の世話をする。これがその活動の基礎なのである。すべての問題は目下のところ、こうした行政管区に帰着している。われわれの現在の行政管区の基礎の上では、正しく生活力のある民兵制度を建設することはできない。われわれが必要としているのは、その再編、つまりわが国を経済的特質にしたがって地域に分割することである。この課題は、久しい以前から提起されていた。われわれの県、郡、州の経済上の境界を地域による経済的制定や計画の実際上の配置に適応させること——この課題は、以前からソヴィエト政権に提起されており、次第に解決されつつある。若干の同志たちはその話において、区制化は科学的かつ合目的的にしだいに進行するべきことをしばしば訴えている。このことは不可避である。われわれの経済発展を始めるよう、例えば前もって推量や予想にしたがって、ソヴィエト・ロシアを新しい県令州に再編しようとしたなら、それはまったくの軽率であったろう。一年後には県や州を再編し直し、ソヴィエト機関を解体しなければならなかったろう。これらすべてが示していることは、現在、州の経済機関創設によって、国の区制化の正しい道が計画されるということである。こうした作業過程において、州の経済機関がお互いに競争し、州境を決めるために隣りの州の経済センターと争うであろう時には、必然的に、こうした場合、われわれは実際的な規則を決定することが可能となるのであり、ある県部は大きな国家的利益にしたがってウラル管区の一つと見られ、他の県部はシベリア管区の一つと見られるにちがいない。このような問題をあらかじめ理論的な手段によって決めるのは不可能である。国の区制体制を作成するという課題をもっている機関は、州の経済センターに直接的に基礎を置かなければならない。単にこの場合にのみ、われわれは州や県の正しい再編をすることが可能となるのである。県や郡を再編することで州全体の再編が不可避となる。われわれの民兵制度は、州の再編が経済的特質にしたがって、つまりあらゆる州の中心に工場が発生するように計算されて実現されるにつれて、またこのきわめて重要な行政形態が実現されるにつれて、その足許により一層確固とした信頼しうる基盤を見出すことになろう。というのはあらゆる管区において、民兵軍の脊柱は、われわれの党に引き込まれた工業プロレタリアートと農民となるであろうからである。

民兵制度の基礎となる産業上の州へと国を分割する必要性についての軍事当局の最初の計画やテーゼに関する知識を得た若干の同志たちは、軍事当局は軍事的な必要に国の経済的分割を従属させようとしているという結論を下した。全然そういうことはない。そのような考えは奇怪である。まったくその反対なのだ。私はすでに民兵制度への移行は軍隊と勤労住民との浸透であり、軍隊の工業化であると語ったが、われわれが工業だけを地域的な範囲決定に服属させるべきなのは明らかである。そこでは一切の軍事的・行政的機関は生産機関に服属する。というのは、地域的機関の再編はほとんど優先的に国の工業的復興を目的とすべきだからである。私としては、こうした観点が取り入れられ、軍事当局が国の経済組織をその管区制と結びつける試みを行なっているという点での軍事当局への非難という誤解が避けられるということを望みたい。新しい軍管区は簡単に再編される。経済的観点よりすれば、ある県を加えたり、他の県を減らしたり、ということは、より簡単である。

一つの問題が生じる。すなわち、現在の過渡的軍隊から民兵的軍隊への移行の際に、わが国が、予期せぬ侵略を受けたり、ある戦線において苛酷な潰滅を、この過渡期にあって、こうむらぬだろうということの保証をわれわれは何によって得られるか、である。この過渡期は、最も危機を孕んだものであることは疑うべくもないことであるが、しかし、あたかも現在の旧赤軍が動員解除され、かかる後にわれわれが確固たる路線を通って民兵的軍隊の建設へ移行するであろう、というふうにこの事態を想定することは不必要である。これら二つの過程は平行して進行するであろうし、そしてすでに今、著しく進行しつつある。非常に重要で意義あるこの時期のあいだ、最も重要かつ最も危機的な諸戦線において、一定の諸部隊を、恐らくはまるまる全軍を、依然として動員状態に保持することが、われわれにとって不可欠となるだろう。現在の赤軍の構成員からなるこれら諸部隊は、過渡期におけるわが国土の不可侵の保証の役を果たさねばならない。われわれが民兵軍を立ち上がらせ、それを危機的な戦線において集中することができる以前に、である。動員解除は、恐らくは、最も危機的な諸戦線において諸師団が現在の多数の軍隊の中から創設される、すなわちこのような師団が過渡期に対する保証となりうる、という方法で、進行するだろう。これら師団へわれわれは、最も年老いた人びとをも動員するであろう、今後、新鋭の徴兵適齢者および様々な年齢層の者たちを勘定に入れて、師団を補充するであろう。これは極めて複雑な問題であるが、私はこの問題に党大会の注意を引き留めることはしないつもりだ。なぜならば、この党大会は、徴兵動員および、現在の軍隊から民兵制度への移行に際しての補充の技術を練磨するという自己の任務を持っていたいからである。党大会の任務とは、この新制度の根本的な、原理的な諸特徴のみを確認することなのである。疑いないことであるが、この問題は実践的に巨大な意義を持ち、いずれにせよ今、軍事当局の内奥で解決されつつあるのだ。動員されざる部分として保持され、かつまた最も危機的な諸戦線において見い出されるこの師団の部隊を補充するために、若干の方途がある。すなわち、一部は、志願兵の方法によって得ることができるのである。志願兵制度は、健全な原理ではない。しかし、赤軍創設の初期における志願兵制度と、現在の志願兵制度——これは、二つの異なる範疇の現象である。何よりもまず、われわれは、六年間の絶えざる戦争と生産施設の破綻とが、この事態にぎりぎりまでなじんだ赤軍兵士を創り出し、また著しい数量において引き出したという事実に対し、眼をつむることはできない。もし、これが、理想的な人びと、すなわち共産主義者たちであり、あるいはその共鳴者、あるいは、軍隊が職業軍人として作りあげた単に律儀な兵士たちであるとすれば、彼らは、軍における代替のきかぬ貴重な戦闘要員である。諸特権を作らずに、われわれはこれら予備の諸師団において、広く扉を、この戦争事態とともに生まれたこうした諸分子にひらいているのだ。また、彼らはソヴィエト社会主義共和国の独立を防衛すべく召集されるであろう。初期において、志願兵の旗のもとで、英雄たち、理想的な人びととならんで、冒険主義者たちや私利欲得の輩、すなわちただ何の役にも立たぬ人びとが赤軍に充満した。今われわれには、われわれのもとにやって来るであろうそれらの人びとを受け入れる用意がある。われわれは、彼がいかなる部隊に、いかなる中隊にあったかを問い、指揮官のもとで調査することができる。われわれは、動員解除の年齢に達した場合に、志願兵としてとどまりたいと欲する各人が、自分の希望について言明し、指揮官から、コミサールから、党細胞から認証を得られるように、そのようにするであろう。この濾過によって志願兵の装いをとって浸透してくるかもしれない悪質分子が、われわれの予備的諸師団に浸透することを回避しうるのである。これで十分であろう。われわれは、第一期には、期間を一年だけに短縮しつつ、特定の年齢の人びとの動員に頼るであろう。一九〇一年から一九〇二年生まれの人びとは、これら過渡期の予備的諸師団を充填するために、けだし、いたるところで、あるいは部分的に、動員されなければならないだろう。

さらに、今一つの可能性がある。すなわち、特定の国境に接した諸軍管区および諸県に対して、それらを他の重荷から自由にし、つまり労役ないし糧食供給義務を軽減したのち、より一層の軍事的重荷を課さねばならぬことになろう。かくして、特定の諸県では、隣県においてはただ幹部のみが実際に存在し、残りの大衆が工場で働き一定期間の軍事教練および準備教育を受けることになる時期に、民兵兵力の一定部分を動員状態に保持しつづけねばならないであろう。このことによって原則が破られることになると、言われるかもしれない。もちろん、もし民兵および常備軍を二つの抽象的な、絶対的な原則として考察するとすれば、一定の諸矛盾はあるだろう……われわれは、実際上の組織形態、すなわちソヴィエト体制のもとではなるべく目立たぬほど、支障なく相互に移行してゆくだろう生きた制度なのである。一定期間、旧い型にのっとって編制された諸師団および自立する能力を持った民兵諸師団とが、平行して存在することになろう。恐らく、問題はこう立てられるであろう。この過渡期においてわれわれはどれぐらいの数の旧諸師団を保持しようとしているのか、と。私はこの場でリストを枚挙することはできない、なぜなら、それは軍事機密たるべきことが流布されることを意味するからであり、また、きわめて直接的なもう一つの他の理由によってでもある……われわれは、この過渡期においてどれほどの数の師団が兵力として保持されねばならないかを予言することはできないし、それについては推測する用もないのである。それは、まったく国際情勢や国内的諸事件にかかっている。シベリアでの和睦にともない、われわれは、かつての東部戦線のわれわれの諸部隊をより早急に動員解除できるだろう。しかし、もし情況が尖鋭になれば、われわれはこの動員解除を停止し、もし日本が拳固をもって威嚇するようになれば、これら諸師団をわれわれは補充し始めるであろう。西部戦線においてもまったく同様である。私は比較対照にかかわらねばならない。すなわち、われわれは、いかまちから糸玉へ糸を巻き直し、そしてわれわれの判断いかんによって逆のことをなすことができるのである。わが軍の労働軍は、またこのシステムの構成員の一部でもあり、彼らは軍事情勢が悪化するならば、いつでも臨戦体制へ移行することができ、また、もし軍事情勢が好転するならば、残余の諸年齢層に応じて、今後漸次に動員解除されうるのである。民兵制度を実施するにあたっての根本的、指導的原則は、われわれの共和国がただの一日たりとも、一時間たりとも防衛能力の点で弱化することがないように、ということである。これが、現在の軍隊の民兵的性格を持った軍隊への移行の速さがまったく依拠している根本的判断である。民兵部隊、民兵師団の頂点にすえられなければならないのは労働者階級である。けだし、民兵師団は、工業企業の一定のグループおよび周囲の広範な農村地方をわがものとしなければなるまい。これが、すべての民兵部隊の建設の基礎である。今われわれにあって決定的な役を演じているのは政治部である。なぜならば、われわれは住民を分割せずに、社会的構成に適合させることなく、大衆的動員という方法によって軍隊を建設したからであり、また、それゆえにこれら諸部隊を監視するために追いかけるように労働者の共産主義者たち、最も意識的な農民たちを送りこみ、彼らを諸連隊、部隊その他の上部に入れなければならなかったからである。民兵制度にあって、工場、炭坑および鉱山の組織化は、創設中の一師団の基軸として、あらかじめ採用されるだろう。この際、共産党諸細胞、意識的諸分子の労働者グループが、建設に際して軍におのずと含まれるだろうことは明瞭なことである。共産主義者、当該工場の進歩的労働者もまた、あらかじめ立てられたプランにしたがって当該師団に、当該師団の連隊に、当該中隊に入るであろう、そしてここに有機的で内的な結びつきが存在することになろう。生産過程で結合しているのであるから、彼らは二重の——軍と労働の——結びつきによって結合されるであろう。

これだけでは足りない。われわれは是非とも、さらに、最も緊密な仕方でもって、指揮官と各地区の生産生活とを結合しなければならない。これは、労働者階級の最良の、最も進歩的な分子の軍事教育に関する問題である。われわれが現在の諸師団、旅団および連隊の幹部を、産業の配置に応じて、地区的に分割するというところから始めるだろうと、私は語った。このようにして、まずもってこれら幹部のうちで指揮官は、著しく当該地区、諸県および郡の経済生活を経験しない分子となるであろう。この断絶は、両極から進むであろう緊急な結びつきによって除去されねばなるまい。第一に、指揮官を何らかのかたちで、その経済生活に必ずや参加させ、当該地区の生産に、労働者階級の労働組合機関に接近させねばならない。第二に、重要かつ不可欠なことだが、当該地区、郡の、一定の年齢の労働者の指導層は、指揮官養成コースを過ごさねばならないということである。換言すれば、小工場、企業をとりしきる労働者各人は、当該地区の役所に、当該地の県経済会議、県執行委員会に入っている労働者各人は、もしその年齢と肉体的条件が許すならば、士官養成所を経て一定の民兵部隊の士官となりうることが必要である。われわれの産業プロレタリアの士官が民兵軍の士官と共存するために、である。これが、民兵制度全体の基礎である。すなわち、このようにして、生産関係において権威を有しつつある諸小工場あるいは各専門工場の指導者は、軍事関係においてもまた権威を有するであろうし、彼は必要な時には自分の小工場を中隊として立ちあがらせることが可能となろう。もちろん、これは必ずしもいたるところで合致するとは限らないであろう。しかし、労働者階級の一連の最良の代表者たちは、わが国にあっては、指導的諸機関に、労働組合に、工場委員会などに集中されており、この彼らこそが選抜され、任命されるであろう。そして、われわれの幹部の任務は、労働組合との最も緊密な結合のうちに自らを見い出し、それとの合意に従って隊長や指揮官を選抜することにある。われわれの各管区には、労役の諸委員会と最も緊密な関係を持たねばならないであろう民兵軍ソヴィエトが、見い出されることとなろう。民兵軍ソヴィエトは、軍事代表者とは別個に、労働組合および党諸機関、当該地方行政府の代表者をも含まねばならないだろう。このようにして、われわれは、われわれの経済組織と軍事組織の緊密な接近に到達するであろうが、その際、音頭をとることとなるのは経済組織であって、それに従って軍事組織が比肩することになろう。そして、除雪のために千人の労働者を動かさねばならないような場合には、それは組織的な方途によってなされるであろうし、今のように相当に混乱した秩序で諸郷からの動員が行なわれるようなことはなくなろう。われわれは、軍団から分隊にいたるまで、管轄地域の幹部を持つことになろう。すなわち、この機関を通してわれわれは、戦闘任務のみならず労働任務のためにも民兵・歩兵中隊を立ちあがらせることができるだろう。その際、担当諸機関に附属して労働義務委員会がなければならないが、この委員会は将来それら諸機関と合一しなければならないであろう。なぜならば、軍は完全に勤労住民のなかに溶け込み、労働動員機関は軍事動員機関と最も緊密なかたちで合一されねばならないだろうからである。ただ、軍隊のこのような建設によってのみ、わが国は、同時に二つの課題を解決できよう。すなわち、経済復興の課題と自己の戦闘能力の維持の課題とである。言うまでもなく、歴史は、将来においてわれわれが国土防衛のために緊張を必要としないように、その方向を変えるかもしれない。ポーランドとの歴史がポーランド革命によって清算されるならば、もしドイツにおいてスパルタクス団が最も近い時期に勝利するならば、それはわれわれにとって最大の利点を生みだしてくれるであろう。そしてわれわれははるかに多くの注意を経済諸課題に移すことができようが、しかしこれらの条件があろうとも、われわれはアメリカや日本を忘れてはならず、たとえ最も重要な国々における社会主義革命という事実を前にしたとしても、武装解除する権利は持っていないのである。そして、もしドイツにおける革命運動が鎮圧されるならば、もしこの一年、二年、三年の間にわれわれがフランス、イギリスの攻撃の危険の前に立つことになるとすればなおさらである。われわれは、幹部の精確な数字でもって自分を縛ることはできない。この機関は最高度に、柔軟で可動的でなければならないのである。

われわれが三、四、五年の間に、多少は発展した社会主義経済に移行する可能性がないわけではない。言うまでもなく、これは、すべての農業が集約され、一つの中央機関によって主宰される一つの小麦工場に変えられるであろうことを、未だ意味しない。このためには多年を必要とするのであるが、しかし、いずれにせよ、三、四年の間にわれわれは巨大な一歩を前進させることができるであろうし、またわが国における階級闘争の残滓は最終的に破砕され除去されるであろう。まさしくこのことによってソヴィエト国家はわれわれに、生産・消費コミューンにいたる接近路を与えてくれよう。そして、国家の諸特徴が失なわれるであろうその時に、われわれの民兵軍もまた、プロレタリア独裁の諸特徴――それらは、わが国における労働者階級の諸任務に応じて民兵軍が持たなければならないものだが――を喪うこととなるであろう。われわれの軍隊はその時、武装された共産主義的人民に近づくであろう。そしてこれが、東洋と西洋からの危険が完全に消え去るまでは、武装されねばならないこの軍隊建設の課題なのである。そして、最良の幹部と赤軍の経験を取り入れたこの階級的民兵は、柔軟な機関の助力を得て拡大され、武装された共産主義的人民のなかに溶け込むであろう。人民を保護し労働と軍隊とを結合させることが――この民兵の経験となるであろう。もし、先立つ時期、すなわちわれわれの軍隊とその機関が自分のために、最良の成員および物質的恵沢の面でわが国における最良のもののすべてを占有せざるをえなかった時期にあって、そのことが、とりわけ残余の諸分子の軍に対する敵対関係と隔絶とを生み出していたとするならば、最も近い時期にこの隔絶は一掃されねばならず、労働と防衛は合一されるであろう。このことはすでに、国防ソヴィエトが労働・国防ソヴィエトと改称されている点に、その象徴的な表現を見い出しているのである。これは、個々の軍部隊が労働の場に移りはじめ、ここから新しい諸任務が生じはじめたその時から、始まったのである。現在、第一の任務は——人民の防衛のためのすべての基礎を、人民の防衛そのものを、労働組織へと溶解し流し込むことである。

中央委員会の名において私は、これら諸問題に関する決議を行なうことを提起する。われわれの綱領の基本点によれば、赤軍の組織は、暫定的、過渡的な位置にある。若干の同志諸君は、特別の部隊の創設について、より危機的な諸戦線での指令についての法規が、より精確に作製されるよう要求した。私は、いかなる精確化も、党大会の側からすれば、まことに誤った司令であろうことを、はっきり言っておかなければならない。党大会の意味は、言うまでもなく、中央委員会にとって、また恐らくは軍事当局にとって一つの法律となるであろう。しかしながら、ここ、この領域においては、最も正則的かつ情況に一致したかたちで民兵制度を実現するために、経験の自由を、修正の自由を、新しい諸提案の自由を残しておく必要があり、この場で諸君に提起されているところの諸テーゼをもととしてすでに用意されている一連の諸議案、法案を、これから間近かな党代表者会議と次の党大会が受け入れるであろうときに、党の意志は、すでに実践された経験にもとづいて、より明確な具体的なかたちで表明されうるであろう。もし、今、党大会が次のように、すなわち、赤軍は自己の任務の大半を遂行し終えた、それは未だ遂行されざる部分をも遂行するであろう、赤軍は改革を要する、防衛軍は労働との接近を要する、労働は軍隊化されている、軍は工業化されている、と言うならば——その場合、これは、民兵制度における武力の自己の合一と完成を発見することになろう。共産党大会は労働者および農民に次のように語っている。しかり、われわれは最も重要な諸戦線において勝利したが、しかし、われわれの軍事任務は解決されておらず、軍事的危険は根絶されておらず、未だブルジョア諸国が存在し、数年後にわれわれを襲い殺すことのできる搾取者たちがが存在している、われわれは他の諸国における革命的労働者階級に対し援助を向けざるをえない立場にわれわれがあることを見い出すことができる、と。しかも、現在、われわれは、掌中に槌を、斧を、のこぎりを持たざるをえない。

同時にわれわれは、一時的に片隅に置かれた己れの小銃からも目を離すことができないのであるが……労働と防衛、防衛と労働の合一の条件のうちにこそ、ソヴィエト共和国を世界で最強の国となすべきはずの基礎がある。

議長 同志諸君、この発言内容に関しては討議を行なわないとする多数の提案が幹部会に出された（「まさしくその通りだ……」の声）。表決に付させていただきたい。賛成意見ないし反対意見を述べたいと思う人は？（表決）では、討議はなされないこととする。私は同志トロツキーによって提起された決議を表決に付す（表決）。満場一致で採択された。

トロツキー　民兵制度への移行に関するテーゼ

一

国内戦の終末の接近とソヴィエト・ロシアをめぐる国際情勢の好転によって、わが国のさし迫った経済的・文化的要請に応じた、われわれの軍事に対する根本的な姿勢の変更が、いまや第一の問題となっている。

二

他方、世界の主要国において、帝国主義的ブルジョアジーが権力に留まっている限り、社会主義共和国は、一刻たりとも自己が安全であると考えることはできないことを確認すべきである。

事件の進行にともない、ある時ふたたび、ソヴィエト・ロシアに敵対する血まみれの冒険によって、帝国主義者どもは失った土地へ足をむけることがあろう。

したがって、革命の軍事的防衛を申し分なく維持する必要性が生ずる。

三

長期的な性格をもつ現在の移行期には、労働者が必要な軍事訓練をうけるにあたって、自己の生産的労働に与える支障を最小限に留める、という軍事組織が適用されなければならない。このような制度としては、主体を地域住民とする原則にもとづいて建設される、労働者・農民赤色民兵があるのみであろう。

四

ソヴィエト的民兵制度の本質は、軍隊の生産過程へのあらゆる限りの接近というところにある。それゆえ、一定の経済地域における生ける人間の力は、同時に、一定の軍部隊の生ける人間の力となる。

五

民兵部隊（連隊、旅団、師団）は、自己の割当地域において、工業の地域的配置と一致させられねばならない。なぜなら、農業地域に包囲されるとともに、それらを吸引する工業の源が、民兵部隊の礎石とならねばならないからである。

六

組織的な労農民兵は、軍事・技術・政治的分野において完全に養成されたカードルに頼らねばならない。カードルたちは、自らが訓練する労働者と農民に日常的配慮を行ない、いかなる時にも、自己の組織を掌握し、銃を手に、戦闘に出発するために、彼らを自己の民兵管区より連れ出すことができねばならない。

七

民兵制度への移行は、ソヴィエト共和国の防衛力があらゆる瞬間に、必要なだけ保持されていることを必須条件とし、共和国の軍事および国際外交情勢にみあって、必要とされる漸進性をもって行なわれなければならない。

八　赤軍の漸進的復員に際して、優秀なそのカードルたちは、より目的に適った、つまり、わが国の各地域において、その地域の生産・生活条件により適った場所に配置されることにより、民兵部隊の既成管理機関を守らねばならない。

九　民兵のカードルの構成員は、たとえば、周辺に農村部をもつ鉱山群に囲まれた地域に配置された師団指揮官を、地方の優秀なプロレタリア分子によって構成するために、当該地区の経済生活との緊密な関係を徐々に革新させねばならない。

一〇　このようなカードルの革新のため、指揮官養成所が、経済・民兵管区に応じて、地域的に配置されねばならず、地方の労働者と農民の優秀な代表は、この養成課程を復習しなければならない。

一一

民兵軍の高い戦闘能力を保証する民兵原則にもとづいた軍事訓練は、以下のごとく組織されることになろう。

（a）召集年齢前の訓練。このために軍当局は、人民教育、労働組合、党組織、青年同盟、スポーツ団体などの各当局と共働して活動する。

（b）召集年齢期市民の軍事訓練。できうる限りの時間の短縮と、兵舎を軍事・政治的学校に極力近づける。

（c）短期の再召集。この目的は、民兵部隊の戦闘能力の点検である。

一二

わが国の軍事的防衛の任務を委ねられた民兵のカードル組織は、必要に応じて、労働義務の任務に適応せねばならない。すなわち、労働部隊を編制し、それらに必要な指導機関を供給しなければならない。

一三

武装せる共産主義人民への転換という側面を発展させつつ、現在、民兵は、自己の組織に労働者階級の独裁のあらゆる特徴を保持しなければならない。

ロシア共産党第一〇回大会

一九二一年三月八日に開催されたロシア共産党第一〇回大会は、その六日前に勃発したクロンシュタット反乱に象徴される国内危機の解決に、その討論を集中させた。党内統一の再建と、ネップ（新経済政策）への大胆な転換がそれである。内戦は、その最終段階に入っており、ソヴィエト権力の基盤は確立した。しかし、戦時共産主義下の苛酷な政策は、必要であったにせよ、はなはだしく全国を疲弊させていた。ボリシェヴィキは、ネップによって、その困難の急速な解決をはかろうと試みたのである。「軍事問題に関するテーゼ」は、第九回大会テーゼと実質的な変化はない。民兵への移行などについての、より詳細な規定が与えられているに留まる。

当時、しかし、今までとは異なった基盤に立つ新しい反対派が存在した。彼らは国外に向かっての革命的軍事攻勢を提唱し、「プロレタリア統一軍事理論」を展開した。それは、トゥハチェフスキー、フルンゼなどの有能な赤軍指揮官に擁護されていた。彼らは、内戦の終焉を積極的な革命戦争の国境外への延長に接続させようと主張し、そうした攻勢を理論化しようと試み、民兵への移行に反対した。トロツキーは、精力的に彼らに反論、討論は第一一回党大会まで続けられるのである。ここに収録したフルンゼ／グーゼフのテーゼは、党大会に資料として提出された、彼らの理論体系の中軸部分である。なお、第一五項までをグーセフ、それ以降をフルンゼが執筆した。

ミハイル・ヴァシリェヴィッチ・フルンゼ（一八八五—一九二五）は内戦期に軍事指導者として頭角を現わし、第一〇回大会で中央委員に選出された。二五年に、軍事人民委員となり、ジノヴィエフに接近、胃潰瘍で入院中、スターリンの命令で不必要で危険な手術を受けさせられて死亡した。エス・イ・グーセフ（一八七四—一九三三）は、一〇月革命当時、ペトログラード軍事革命委員会の書記、一八年から二〇年にかけて、赤軍内で政治活動を行ない、二一年には、共和国革命軍事ソヴィエトに入り、二三年には、党中央委員会書記となる。二八年から三三年まで、コミンテルン執行委員のひとりであった。

軍事問題に関する決議

一

軍隊でのプロレタリアートの構成比率を高め、軍隊内で確乎とした士気を確保するためには、以下のことが不可欠である。

（a）可能な限りすみやかに、軍隊から、すでに退役の予定されている老年齢層を解除すること。

（b）帰休をまったく与えられない年齢層の労働者の軍隊からの引き抜きを、完全に中止すること。

（c）若年労働者を、労働義務による応召兵で代置しつつ、若年労働者の仕事を軍隊に移行すること。

（d）労働者の生産への参加と民兵軍への参加を結びつけつつ、工業地区において、民兵への移行形態を適用すること。

二

（a）軍隊からの共産主義者の引き出しを中止すること。反対に、現状では、政治に関して弱体となった部隊を政治部員によって強化するための措置を執ること。そしてまず第一に、軍隊経験のある共産主義者を、軍隊に呼びもどすこと。

（b）軍隊から放逐された共産主義者全員を、銃後で監査すること。部隊の戦闘力の低下を明らかにひき起こした状況のもとで、軍隊を見捨てた彼らの何人かを裁判にかけること。正規の理由なしで、軍隊を放棄した者たちを、軍に復帰させること。

（c）陸軍および海軍の共産主義者全員の再登録をすること、彼らを厳格に登録し、いかなる勝手気ままな外出や不在をも、それらを脱走と同一視して、許容しないこと。

（d）革命軍事ソヴィエト政治管理部および当該政治部は、労働作業のために軍隊から派遣された軍の共産主義者を、厳格に登録しなければならない。それは、彼らを軍事的作業のために動員することをいかなる時にも遅滞なく可能とするためである。

（e）党中央委員会は、革命軍事ソヴィエト政治管理部および政治部を通して、軍のコミサールと政治機関を広範に刷新しなければならない。その目的は、軍隊内の旧い活動家の更迭と、新しい活動家の導入による、軍の全体的刷新である。

三

軍隊へのあらゆる種類の物資補給の面では、臨時補給管理委員会《エヌ・ウー・エス・オー》および当該地のソヴィエト機関ないし党機関に、その義務を負わせること。それらの機関は、補給の面で軍隊を最優先的に扱いつつ、軍隊に関する実際的・計画的かつ実務的な配慮を行なう。

計画の縮小を規定していない現在の広範に採用されているシステムを放棄して、軍隊への計画的補給システムを厳密に実現すること。

四　軍隊の削減および軍隊内でのプロレタリアート構成比率を可能な限り最大限に高めることに関連して、あらゆる特殊技術部隊（砲兵部隊、機関銃部隊、機甲部隊、航空部隊、工兵部隊、装甲列車部隊など）に、特に注意を払うこと。さらに、この部隊に必要なあらゆる兵器および物質的・経済的補給を確保すること。これらの部隊の政治的・軍事的水準を高めるために、あらゆる措置を執ること。このために、特に、極めて責任の重い使命を完全に遂行することが可能な同志の中から、コミサールの厳密な選出を行なうこと。

五　指揮官の社会構成および政治的・生活的な分類を入念に検査すること。その目的は、その更迭およびその他今日の情勢に対応することのできる処置を執ることである。

六　赤軍および赤色海軍の指揮官に対する政治教育活動に、最も真剣な注意を払うこと。特に、このために適当な文献や訓令を出版すること。

七　適当な経験をつんだコミサールの、幹部職および経済行政職への転任制度を、より一層広範に採用すること。

八　幹部職に、赤軍指揮官を計画的かつ組織的に利用するように、措置を講じること。

九　指揮官にとっては戦闘が現在進行中であることを考慮して、諸戦線における戦闘が終了した後は、一時的に軍務に関してではなく、長期の職業に関して、指揮官、特に何よりもまず下級指揮官の物質的状態の実質的な改善のための措置を講じること。

一〇　ソヴィエト・党・労働組合の諸機関の注意を、特に、軍事教育活動の組織をあらゆる点で可能な限り改善する必要性に向けること。

一一　三年間の戦争中に成立した形で、赤軍の政治機構を保存し、その組織を改善・強化すること、他方では、当該地方の党組織との関係を、機関の完全な自立性を維持しながら、強化すること。

一二

軍の政治機関は、部隊と当該地方の住民との相互関係に特別の注意を向けるべきである。そして、適宜、部隊の戦闘力の確保のための措置を講じるべきである。革命軍事ソヴィエト政治管理部は、他の関係機関と協力して、適当な訓令を作成すべきである。

一三

軍の削減と、その政治的・軍事的水準を高めることに関して、軍を可能な限り労働任務から解放するように、措置を講じること。

一四

民兵制度についての問題に関しては、党がその綱領を再審議しなければならない理由はまったくない。民兵への移行の形態、方法、速度は、国際情勢および国内情勢、休戦期間、都市と農村の相互関係などに依拠している。

今日の赤軍の実質的解体と民兵へのそのすみやかな移行を求める若干の同志たちのアジテーションは、現在の時点では誤まりであり、実際危険なものである。

高年齢層をできるだけ退役させて削減された、そしてプロレタリアートおよび共産主義者の構成比率の高められた今日の赤軍が、近い将来、われわれの軍事力の土台となるに違いない。

一五

現時点では、民兵的編制への部分的移行は、プロレタリアート人口密度の最も高い地区に関してのみなされる（ペトログラード、モスクワ、ウラル）。

民兵部隊の基礎には、危険分子を一掃した野戦部隊の幹部が置かれなければならない。特別の任務を与えられた共産主義者の部隊とその周囲に集まったプロレタリアートが、平常の経済活動から逸脱することなく、この民兵部隊に編入されなければならない。

これらの部隊の補充には、一般軍事教育の当該地区幹部、そして健全な分子があてられるべきである。

軍事訓練は、特定のカテゴリーに属する労働者が、残業や時間外無給集団労働、休日労働、ならびに他の一連の党・労働組合・ソヴィエトの仕事から免除されるように、非労働時間になされなければならない。

今後は、同一の規則が適当な規模で、プロレタリアート人口の著しく高い地区にも適用される。

一六

前項で叙述された部隊の編制の進行とは無関係に、特別の任務を与えられた部隊をすみやかに強化すべく措置を講じること。それは、正確に定員の定められた組織をつけ加え、その戦闘力を高め、その武装を改善し、そのうえに機関銃、装甲車、大砲を導入することによってなされる。

一七

軍隊の改善・強化は、社会的・政治的および経済的観点からして極めて重要な共和国内の地域にある部隊から、始めることが必要である。

一八

本大会は、若干のグループならびに個々の同志が行なった、選挙制度やコミサールの細胞などへの隷属性などの導入によって赤軍の現行制度の変更を求めるアジテーションは、政治的に危険で、赤軍の解体を惹起・促進する可能性があると見なし、それゆえ、まったく容認しがたいことと考える。

本大会は、中央委員会に、この種の解党的アジテーションを徹底的に排除するように、万全の措置を執ることを提案する。

一九

適当な経済機関の助けを借りて、現在の労働軍に関する問題を再審議すること。そして、明らかにその任務にふさわしくない人びとを早急に免職すること。

二〇　赤色海軍について

本大会は、ソヴィエト共和国内の物質的資源および一般情勢に応じて、赤色海軍の戦力を復興・強化するための措置を講じることが必要だと考える。この目的に関して、次のことが必要となる。

（a）赤色海軍組織の建設作業を、綱領に従って実行すること。海軍への技術的物資や燃料などの補給の分野に、統一的計画を導入すること。

（b）海軍の構成員の補充は、もっぱら、工場労働者出身の徴兵適齢者によって、その教育組織を改善しつつ行なうこと。

（c）現在は他の分野で働いている共産主義者の水兵の中から特に選ばれた政治部員によって、海軍を強化すること。

（d）党中央委員会は、共和国革命軍事ソヴィエトおよび革命軍事ソヴィエト政治管理部が、赤色海軍の利益を真に保証することが可能となるような変更を、共和国の中央軍事機関で実現できるように措置を講じなければならない。

二一

本大会は、必要な保証のもとで、軍隊内での党委員会の選挙制度を確立した方が好ましいと考え、この問題についての現存するすべての資料を調査するよう、中央委員会に委託する。その目的は、適切な法規を早急に作成することである。

エス・グーセフ、エム・フルンゼ　労農赤軍の再組織化

ロシア共産党第一〇回大会への資料

一

戦争（国内戦）の前半は、主として基本的には終了した。この時期の特徴は、赤軍が、あるただしく編制された白衛軍を敵としたことであった。白衛軍は、ブルジョアジーの独裁とプロレタリアートの独裁の間を動揺していた、不安定な農民大衆が参加していた。赤軍もまた、同様な不安定と動揺に特徴づけられていた。赤軍は、十分の九まで農民から編制されていたのである。

二

戦争の新たな地域への拡大の可能性は――その戦争は、十分の九まで粉砕されたロシアの反革命に対抗するものではなく、何らかの帝国主義大国に対抗するためのものであるが――なくなった。例えば、実際に、かかる可能性は、協商国が、その従属的関係にある小国（フィンランド、エストニア、ラトヴィア、ポーランド、ルーマニア、ブルガリア、ギリシア、トルコなど）からなる黒色ブロックを組織したわが国の西部および南部（カフカース）国境地帯においては、除かれた。同様に、極東においても、軍事的混乱の可能性はなくなった。

三

今後、国際情勢がいかに複雑になったとしても、次のただ一つのことは疑いない。すなわち、将来、われわれが戦争をする場合、その敵となるのは、不安定な農民たちの、プロレタリアートの独裁に対して憎悪的中立の態度をとっている、教育のない、武装の悪い、そして、あわただしく編制され、内的に結びついていない（兵士たちの将校に対する憎悪的な態度）軍隊ではなく、多かれ少なかれ、ショーヴィニスト的傾向のある（したがって、多かれ少なかれ、プロレタリアートの独裁には敵対的である）、堅忍不抜の、固く団結した、高い教育のある、そして、あらゆる最新式の強力な武装によって十分に武装した、帝国主義の軍隊である。白衛軍よりも軍事訓練および武装が劣り、指揮官は十分に準備されておらず、絶え間ない国内戦の最中にあわただしく編制された赤軍は、その数量的優勢と、そのより大きな内的結びつきの強さによって、白軍に勝利した。それは、政治部、コミサール、共産党細胞によって、ソヴィエト政権下の労働者の大衆の広範な支持と、献身的な共産党の働きによって高揚した革命的情熱の雰囲気の中で支えられたのであった。しかし、今日の編制状態のままでは、赤軍は、強力な帝国主義軍隊にまったく対抗できない。そのため、労農政権の前途には、赤軍を再組織し、最新式の帝国主義軍隊にも優るとも劣らないようにするという直接的課題が、待ちかまえているのである。

四

ソヴィエト連邦の軍事力の再組織化は、次のようになされなければならない。

（a）第一には、広範な労働者大衆を、徴兵年齢に達した人びとや、徴兵前の人びと（初等義務教育）も、組織的に軍事教育を行なうことによって、共和国の防衛の仕事に引き込むこと。

（b）第二には、赤軍を最新鋭の完全な武器で武装し、その構成員の質的改善によって赤軍を維持し、強化すること。

五

最も強力な武器（戦車、装甲車、装甲列車、航空機、長距離砲など）による赤軍の武装は、労農政権に次のようなあらゆる措置を執る任務を提起する。すなわち、それは、一切の最新鋭の完成された軍事技術を《会得》し、最新式兵器の生産計画を重要計画として統一的経済計画の中に含め、早急に最新式兵器の生産に着手すること、である。

六

白軍あるいは現在の帝国主義軍隊の最も強力な側面は、軍事的知識と軍事的経験を持ち、高度に熟練した多くの指揮官にある。赤軍の指揮官は、その点が最大の弱点である。そのため、共和国には、数段階にわかれた軍事的学校網（その中には特殊学校もある）を発展させるために、あらゆる努力を払う任務がある。その学校での教授活動は、最近の戦争の経験に厳密に対応しながら、マルクス、エンゲルスの学説に基礎を置く単一の軍事理論を土台としてなされなければならないであろう。これらの諸学校へ、すでに帝国主義戦争および国内戦を経験した赤軍のすべての指揮官を入学させることは、特に重要なことである。しかしながら、われわれの軍事学校がたとえどんなに高度であったとしても、われわれが近い将来、労働者や農民から経験豊かで最新の科学的軍事知識を完全に会得した十分な数の赤軍指揮官を教育し、作りあげることが可能であるなどと、誤まった期待をしてはいけない。このためには、さらに長い時間が必要なのである。したがって、指揮官に関しては、われわれはまだ当分の間は、われわれの敵よりも貧弱であるだろう。

七

赤軍部隊の指揮官の相対的不足は、赤軍のこうした根本的欠陥を是正するための方法と手段を見い出すことを促している。三年間の国内戦の経験は、この方面に関して、極めて貴重な教示を与えてくれる。士官候補学生《クルサント》たちからなる師団や旅団は、国内戦の全期間を通じて、赤軍内の最も堅固で、最も戦闘力のある部隊として、力量を発揮した。それは、戦闘力においては、わが国の優秀な師団（二一、二八、三六、五一師団など）や白軍の優秀な将校部隊に劣らなかった。この経験が、顧慮されなければならない。この双方の場合に、われわれは、政治的にも軍事的にも高度に熟練した兵士から編制された部隊を持っている。彼らは、高度の意識と忠誠心を持ち、戦闘において広範にイニシアティブをとることを可能にする軍事知識を十分に会得している。個々の兵士の政治意識を高め、軍事的訓練を改善することによってのみ、質的にも量的にも不足している赤軍兵士を相当程度補充することができる。歴史上初めて、労農国家のみが、熟練兵士の軍隊の創設を、自己の課題として解決することができたのである。ブルジョア国家は、このような課題を、自己の任務とすることすらできない。というのは、政治的意識が高く豊かな軍事的知識のある兵士は、ブルジョア国家の存在そのものに対する最大の脅威だからである。ブルジョア国家は、兵士がただ行進し、射撃し、壕を掘ることしかできない、無知な、意識の低い《戦争の雑役人夫》でしかない間だけ、存続するのである。ブルジョアジーのもとでは、《熟練兵士》（将校）の予備は、数量的に十分な階級的軍隊を創設するのには、余りにも少ない。

八

赤軍の再組織化は、個々の兵士の戦闘能力の増大に応じて、軍隊の構成人員を削減してゆく方向でなされなければならない。赤軍兵士の資格審査の近い将来の段階として、個々の指揮官のおよその知識水準が示されよう。近い将来、熟練した赤軍兵士は、優秀な斥候兵となり、また、優秀な反斥候兵となり、そして、部隊の受け持ち地区の戦闘に通暁していなければならない。熟練した兵士に対する軍事教育計画は、赤軍兵士の会議や下級の指揮官やコミサール（小隊長、分隊長、中隊長、中隊政治委員）の出席する大会で、作成されなければならない。

九

この課題に関して、兵営は、政治意識の高い熟練兵士を作りあげる軍事・政治学校に変わらなければならない。同時に、赤軍兵営は、戦争準備の害とならないようなかたちで、経済建設の一般的任務に赤軍兵士をまき込み、国内の一般的労働生活と赤軍兵士とを結びつける労働学校にもならなければならない。統一的経済計画には、重要な任務として、政治的、軍事的、労働的教育や教練という課題のために設けられた兵営の修理、再建、建設に関する生産計画が含まれていなければならない。

一〇

「騎馬」歩兵の経験（タチャンカ〔機関銃を積んだ一頭立て馬車〕に乗ったマフノ兵団の迅速な移動、トラックによる歩兵の転送）を考慮し、さらに、この経験を利用する必要がある。この目的は、特に作戦予定地における当該軍隊およびその当該地方の住民を移動する方法として、利用することにある。

一一

三年間の国内戦の間に判明したのは、近代戦（国内戦型）における騎兵の意義である。その近代戦は、世界革命の進展のもとでは、とくに、機動的性格を獲得し、騎兵を思う存分活躍させるであろう。そして、騎兵の軍事行動の経験の考慮を行ない、それを赤軍騎兵部隊に応用するという任務を引き出すのである。騎馬機関銃、装甲自動車、小型砲や機関銃で武装されたトラックおよび爆撃機を、騎兵と結合することに注意が重要である。騎兵と強力な機械力とのこのような結合は、騎兵の迅速な移動や、弾力的な機動性や、攻撃の迅速さをそこなうことなく、騎兵に巨大な火力を与え、本質的に騎兵を新しい種類の武器、すなわち、機甲騎兵に変えてしまう。機甲騎兵の軍事行動は、ヴランゲリ騎兵部隊の経験によって、すでに検証ずみである。

一二

赤軍の再組織化についてのすべての作業において、このことが技術的条件および軍事機密の保持の条件を妨げない限り、講義や対談、会議、大会、展覧会団体、見学を行なうことで、全赤軍兵士を親しく参加させることが必要である。

一三

ソヴィエト共和国の住民のなかでの自然発生的資本主義を蘇生させつつある小ブルジョア的・農民的分子の圧倒的優勢、および、西洋における革命の遅延や極度の経済的崩壊は、プロレタリア独裁を目指す現在の困難な革命の時期においては、ソヴィエト政権の打倒というボナパルト的試みにとって有利な土壌をかもしだしている。ボナパルト的陰謀に対抗し、十分の九が農民であるわれわれの赤軍を守る唯一の手段は、赤軍内部に政治機関（政治部、コミサール、共産党細胞）を三年間の戦争の間に成立した形で保持することであり、さらに、今後の完成と強化にある。このことと同時に、この機関の内部的民主化を実行するような措置が執られなければならない。これは、強固に打ち立てられた軍事組織の基盤と矛盾しない限りのことである。当該地方の党組織との密接な連絡のもとでの赤軍の政治機関の自立性および、党全体の活動への参加は、その中央集権的管理と同様に、党の統一性と作業能力を保持するための基本的条件である。また同時に、特別機関を創設することが必要である。この機関は、短期間に赤軍内での政治活動の総決算を行ない、この分野における三年間の経験すべてを考慮する任務を引き受けるであろう。

一四

赤軍における政治活動の決定的意義は、計画にしたがって、コミサール、政治部指導員を設け、準備し、育成することを必要とする。また、専門の異なった政治部員をも、同様に必要とする。彼らは、まず第一に、国内戦という学校を履修したものでなければならない。この目的のために、党学校附属の特殊学校網および養成所網の設置が必要である。この措置は、軍隊にとどまっている者であれ、銃後に派遣されている者であれ、すべての軍政治員を、政治部（政治部のないところでは、党委員会）が正確な登録をする場合にのみ、もっとも完全な結果をもたらすであろう。その登録は、彼らを、専門や経歴にしたがって分類する検査制度なのである。地位昇進の官僚主義的位階制度が確立していなくとも、赤軍においては、十分な実践的経歴のある労働者大衆を、必要な場合には彼らが理論的教育を受けられるようにしつつ、責任ある政治的ポストにつけられるよう実際的措置を執ることが必要である。

一五

政治班補佐によるコミサールの代替があろうとなかろうと、単一の指揮ないし管理への移行に際しては、最近の共和国内外の情勢において、軍隊の再組織化の課題の複雑性と困難性を厳密に考慮することが必要である。単一の指揮への移行は、一定の順を追って行なわれなければならない。

一六

ロシア革命の目下の時期に関しては、ロシア共産党第九回大会の決議が、完全に有効である。それは、以下の二項である。

（a） 民兵制度への移行は、ソヴィエト共和国の防衛力があらゆる瞬間に、必要なだけ保持されていることを必須条件とし、共和国の軍事および国際外交政策にみあって、必要とされる漸進性をもって行なわれなければならない。

（b） 武装せる共産主義人民への転換という側面を発展させつつ、現在、民兵は、自己の組織に労働者階級の独裁のあらゆる特徴を保持しなければならない。

民兵制度の移行に対する最も厳しい反対者でさえ、現在のところ、国内の一、二の管区にこの制度を導入することと、同時に、脅威を受けているすべての国境地区に常備軍を配置すること以上を、提案しようとは考えていない。しかしながら、プロレタリア独裁が、今日、困難に直面している時期においては、国内管区への民兵制度のこうした導入に対しても、最大限に慎重に、注意深く接しなければならない。それは、地域軍が、今日の条件下では、共和国の外部からの危機に対する十分な保証ではないからであり、また、労農共和国の共通の利益とは異なる当該地方の分裂主義的傾向の支柱に簡単になりうることを考慮しなければならないからである。そのため、今日の条件下では、民兵制度は、都市と農村のプロレタリアートおよび半プロレタリアートしか参加させえない。また、民兵制度は、地域部隊と党（特別任務部隊）および労働組合（工場および郷の細胞）との緊密な関係に立脚しなければならない。労働組合の郷細胞に現在かかっている任務は、郷の地域部隊と密接な関係を維持することだけでなく、貧農委員会のないところでは、その役割の一部をも引き受けることである。

それと同時に、青年たちに、徴兵前の準備を徹底的に行ないながら、軍事行動予定地の住民およびその予定地に近接した地区の住民が、帝国主義戦争や国内戦の豊かな経験によってきたえあげられた赤軍へあらゆる形態で積極的支援を行なうことを目指した事前の準備に着手することが必要である。

一七

赤軍に最大限の力を保証する基本的条件の一つは、たんに政治的イデオロギーの共通性によるだけでなく、共和国の前途にひかえる軍事課題の性格、その解決方法、軍隊の軍事的教育方法についての見解の一致によっても、しっかりと結合した単一の有機体へと赤軍を転換することである。

一八

全体として、マルクス主義理論の一般的基礎の上で整然とした体系（単一のプロレタリア軍事理論――プロレタリア的軍事科学理論）を形成しているこの単一性は、わが国の軍事教育計画および軍の管理および指導の確実な基礎となるであろう。その具体的表現は、軍のあらゆる教令、法規、指針のなかに見い出されるであろう。

一九

近い将来最も可能性がある国内戦型の軍事情勢下で、世界革命の進展という条件において、単一のプロレタリア軍事理論を作りあげるという課題を、狭い軍事専門家にまかすことはできない。この課題の正しい解決は、おそらく、軍事専門家はもちろんのこと、赤軍建設の事業やプロレタリア大衆の革命的経験を利用しての赤軍の戦闘に十分な経験を持つすべての政治活動家たちの協力によってのみ、行なわれるであろう。

二〇

今日の赤軍の再組織のもとでは、こうした契機を特に考慮しなければならない。そして、軍の中央および参謀本部を、プロレタリア国家の軍事的・理論的本部に変える実際的な可能性が創設されなければならない。

二一

これに対する方法の一つは、以下のようでなければならない。

（a）極めて強力な軍事活動家や政治活動家を、早急に参謀本部の構成員に含めること。

（b）参謀本部学校活動を活発にすること。

（c）広範な一般科学教育の要素と、純然たる軍事教育を結びつけることによって、将来の軍指導者の養成方法を変えること（軍事学部）。

二二

軍事問題に関する外国のマルクス主義的労作の一切を定期刊行することを、国立出版部の義務とすること。

ハリコフ

一九二一年一月

赤衛隊から赤軍へ

藤本和貴夫

―

ソヴィエト労農赤軍は、一九一八年一月一五日の布告をもって創設された。そしてこれは、「ソヴィエト権力の砦となり、近い将来において常備軍を全人民の武装によって取り替えるための礎石となり、ヨーロッパにおける、来たるべき社会主義革命を支援する」新しい軍隊であるとされた。この新しい軍隊は、人民の武装闘争の歴史の中から、その遺産を受け継いで生まれたものではあるが、さらに直接的には、十月革命の中からロシアの人民によって生み出されたものであった。社会民主党の伝統的なスローガン、「常備軍の廃絶と全人民の武装」は、ロシア革命においてはただちに着手すべき実践的なスローガンとしてあったのだ。それを最も体現していたのは、労働者の武装組織たる赤衛隊であった。

ペトログラードにおける十月武装蜂起を支えた革命派の主要な武力は、ペトログラード赤衛隊、ペトログラード守備隊、バルト海艦隊の水兵であったが、意識的な武装組織という点で、赤衛隊は後の二者とは異なっていた。赤衛隊は「常備軍の援助のもとに人民を弾圧することによって自己の支配を強化し、人民から革命のすべての成果を奪取せんとするブルジョワジーの暴力の圧迫と専横から、労働者と農民および資本によって抑圧された社会のすべての市民を防御する」（ヴイボルク地区赤衛隊規約）ことを目的として、国家の暴力装置に対抗して組織されたものであり、人民の武装権の正当性を主張するものであった。そして、当面する反革命との闘争のために、意識的な大衆の武装をめざし、志願し、「社会主義諸政党、工場委員会、労働組合によって推薦された労働者によって」（ペトログラード市赤衛隊規約）構成されていた。赤衛隊員に対する高い自立性と意識性の要求は、各機関における選挙制の実施と、その活動が無報酬で、かつ労働時間外の余暇を利用した軍事訓練にあらわれている。ヴイボルク地区赤衛隊規約は赤衛隊を「常備軍の廃絶と全人民の武装の実施の可能性を示すための最初の試み」であるとさえしていたのであった。後にみるように、これらの原則のうちのいくつかは、労農赤軍にも引きつがれることになる。

新ソヴィエト政権の成立をめぐってペトログラードを中心として行なわれた戦闘は、一〇月末には終結した。首都における革命権力の確立によって、首都の赤衛隊には新たな任務が立ちあらわれることになった。第一は、首都および工場の警備を通じて、首都内の反ソヴィエト派諸勢力と闘争することで、革命の防衛のためにまずとらねばならぬ処置である。いわゆる警察の機能を人民の武装によっておき替えることが問題とされる。第二は、全国的規模で闘われている革命的ソヴィエト樹立のための闘争に、革命軍として参加することで、これは新しい軍隊との関連で重要となる。

第一の問題に関しては、一二月一五日にペトログラード市ドゥーマで採択された、ふたつの「規程」が重要である。「ペトログラード市の警備に関する規程」と「赤衛隊の一般義務制に関する規程」がそれで、両者とも、トリホーノフを中心とする赤衛隊司令本部で作成されたものであった。前者は、革命前から市の秩序維持の任務をにない、革命後は実質的には解体していた都市民警を正式に廃止し、市の警備を全面的に赤衛隊の手に委ねることを明らかにしたものである。「革命の首都の警備は革命的人民自身に委ねられる」ものであり、そのためには、あらゆる工場、企業において、労働者および勤務員の中から武装行動隊要員を選び、その中から赤衛隊を編成すること、さらにこれらの赤衛隊員によって地区の警備を担当する当番大隊が編成されるものとされている。当番大隊の勤務期間は一週間以内で、その後は交代して予備にまわされ、当番大隊の構成員たる赤衛隊員は、日常の仕事にもどることになっていた。赤衛隊は日常的な仕事から分離されたものではなく、あくまでも警備と仕事の両立を構想している点において、人民の武装による旧警察の廃絶という偉大な実験にいどまんとしていたことは明白である。

「赤衛隊の一般義務制に関する規程」は、赤衛隊勤務を文字通り義務制にしようとするものである。この「規程」の第一項は「赤衛隊における勤務はペトログラード労働者の欠くべからざる革命的義務である」と述べている。勤務年齢に達したすべての労働者は、赤衛隊員として登録され、革命的秩序維持と「人民の自由の防御のため」に交代で哨兵の勤務につかねばならない。もちろん、勤務に耐えうる身体をもち、「道徳的に完全な信頼をよせうるもの」でなければならなかった。ヴイボルク地区赤衛隊の活動家マラホフスキーによれば、「規程」実施のために、具体的な人数の計算も行なわれている。赤衛隊司令本部は、ペトログラードの労働者を四〇万人とふみ、そのうちから八万人の赤衛隊を組織する。そのうちの一万人が武装して一週間の任務につくとすれば、二カ月間で八万人全部が当番勤務を行なうことになり、このローテーションをくりかえすというものであった。周知のごとく、レーニンも「遠方からの手紙」第三信でこれと同様の計算を行なっている。

ところで、このような「規程」が、現実にいかなる形で実行されたか、が問題になる。結論からいえば、この「規程」は、例外を除けばほとんど実行されなかったといわれる。このことは、赤衛隊をになうべきペトログラード労働者の状態と関連している。

第一に、一一月末よりはじまったペトログラード市の工場閉鎖あるいは工場の縮小は、労働者数を急速に減少させた。食糧難がそれに拍車をかけた。第二は、一二月中旬より一月初旬にかけて、赤衛隊中の最も戦闘的な隊員約五千人が赤衛隊遠征軍として地方に出発したこと。第三は、隊員たちがペトログラードをめぐる戦闘の終結と共に仕事に復帰せねばならなかったこと。資本家は、当然のことながら、仕事につかない時間に対する賃金の支払いを拒否していた。さらに赤衛隊の性格と関連して、その「自立性」の問題があった。赤衛隊が、工場、地区、全市と下からの自発性に依拠しつつ組織されてきたことは、同時に隊内にすべてのものからの独立性をも生み出していた。地区ソヴィエトと地区内の赤衛隊の対立、赤衛隊の中央組織に対する下部組織の不服従がしばしば起こった。一九一七年末より一八年のはじめにかけて、革命の再組織は緊急に解決を要する問題となっていた。

赤衛隊の第二の任務は、革命に成功した先進的部分が、革命を他の地域に拡大するうえで、ぜひとも必要なことであった。首都で破れた反革命派は、主として、南部と東部の周辺地帯に結集しつつあった。当初は、地方の革命的守備隊が敵に向かっていた。しかし、アントーノフ＝オフセーエンコの語るところによれば、「反革命との闘争にすみやかに入りうる部隊というものは」なく、「いくつかの部隊は出発を拒否し、あらゆる部隊は被服と現金支給」などを要求していた。旧軍隊における旧い規律は革命によって旧い指揮官たちと共に崩壊していたが、新しい戦闘の規律はまだ生まれていなかったのである。こうして、一二月中旬より、首都の赤衛隊は、南部のカレージン、ウクライナの中央ラーダ、ベラルーシ、ウラル、フィンランドへと派遣された。彼らは旧軍隊の解体した前線にあって、新しい軍隊建設のための核として、常に最も困難な部署にいた。

これらの赤衛隊は、ブレスト講和後、次々と首都に帰還しているが、部隊ごと赤軍に移行しているものが多い。

二

労働者階級とともに十月革命を支えたおよそ八〇〇万の兵士大衆の要求は「平和」であり、「軍隊民主化」であり、「土地」でもあった。権力を獲得したソヴィエトはそのことを明瞭に意識していた。一〇月二五日午後一一時に開会された第二回全ロシア・ソヴィエト大会は、二六日の午前五時になって、最初のアピール「労働者、兵士、農民諸君へ！」を採択した。このアピールは大会による権力の掌握を宣言すると共にソヴィエト権力の行動綱領を次のように定めたのである。すなわち即時の民主的講和と全戦線における即時休戦の提議、地主地などの没収と農民委員会への引きわたし、軍隊の完全な民主化による兵士の権利の擁護、生産に対する労働者統制、憲法制定会議の召集、都市にパン、農村に生活必需品を供給すること、すべての民族の完全な自決権の保証。そして大会は、塹壕内の兵士に警戒心と忍耐を訴え、「新政府が直接世界の全人民に提議する民主的講和の締結を達成するまで、革命軍が帝国主義のあらゆる侵害から革命をまもることができるであろうことを確信する」と述べた。ここで語られている革命軍とは、労働者の武装部隊であると同時に帝政軍隊の中で革命化し新ソヴィエト政権を支持する部隊をさしていることはいうまでもない。大会は、全軍隊に対し、隊内に臨時革命委員会を組織して革命の秩序と戦線の確保にあたること、総司令官はこの委員会の命令に服すること、臨時政府が任命したコミサールを罷免し、大会が新コミサールを派遣することも決定した。これはペトログラード・ソヴィエトによる首都の権力獲得方式を軍隊にまで拡大して適用しようとしたものである。軍隊における政治的指導権のみならず戦闘指揮権を右手中にすること、つまり軍隊の完全な掌握がめざされている。

第二回ソヴィエト大会はボリシェヴィキ単独の新労農政府を設立し、これを人民委員会議と名づけたが、その軍事部門は軍事活動家アントーノフ＝オフセーエンコ、陸軍の活動家、少尉補クルイレンコ、バルト海艦隊中央委員会議長ドゥイベンコの三名によって構成される委員会がうけもつことになっていた。しかし、大会終了後、この委員会には軍事革命委員会とボリシェヴィキの軍隊組織の活動家が多数補充され、全員が同等の責任をおう陸海軍人民委員協議会（その後、軍事人民委員部と正式に呼ばれるようになる）を構成することになる。以後、中央においては、旧軍事機関の解体と新軍隊の建設のための活動は、これらの集団指導体制のもとに進められることになったのである。

「軍隊民主化」はこの協議会が最初に着手せねばならぬ問題であった。二月革命によって開始され、軍隊内に兵士の政治的行動を指導するものとしての選挙制の兵士委員会の体系を将校団に平行してつくり出していた「軍隊民主化」は旧軍隊の解体の一段階を意味し、兵士の革命化を促進したものであった。軍隊内の権力を兵士自身の手に掌握させ、旧軍事機構を徹底的に解体するためには、この「民主化」を最後まで押し進めなければならなかった。レーニンはすでに一九〇五年、この民主化の完全な実現は「常備軍を廃絶すること、常備軍を全人民の武装によっておきかえることを意味するであろう」（『軍隊と革命』）と述べている。

一一月三日―五日にかけて、陸海軍人民委員協議会は数度の会議を開いた。最大の問題は軍隊の民主化である。この協議会は兵士に対して、新しい軍隊の構想の原則を告げるとともに、当面する軍隊の民主化の諸原則を明らかにする次のようなアピールを作成した。

「人民委員労農政府は、武装市民の自由な軍隊、選挙制兵士組織にもとづき広範な自治を有する労働者と農民の軍隊の建設を呼びかける。ブルジョワジーの支配に代わる新軍隊は、労働者と農民の権力を保障するものである。第二回全ロシア・ソヴィエト大会の意志を実現しつつ、陸海軍人民委員は軍隊再建活動の第一歩として、以下のごとき原則にもとづき、軍隊を全人民の武装に取りかえる」。

その原則は大きく六項目にわかれている。要約すれば次のとおりである。

一　全軍人は同権であり、将校と兵士の差があってはならない。したがって階級、階級章、将校と兵士の呼称などを撤廃すること。呼称で残されるのは任務名のみであり、それに「市民」あるいは「同志」のどちらかをつけること（つまり、市民中隊指揮官、同志連隊指揮官など）。

二　兵士はあらゆる条件下で一般市民と同等の権利をもつものとする。軍事裁判を廃し、これを同志裁判にかえること。

三　指揮官選挙制の実施。兵士自身の選挙によって指揮官を選挙するもので、「上から下まで、すべて選挙制にもとづいて建設された軍隊のみがその内部的結束によって強力なものでありうるのだ」。

四　中級、下級の指揮官養成機関の廃止。戦時においては、兵士組織の推薦によってのみ入ることのできる短期の指揮官養成機関を設置する。

五　選挙制によるあらゆる兵士組織には、広範で徹底した民主的原則が導入されねばならず、間接代表制はすべて廃止すること。すべての司令部には兵士の監視委員会が設置される、など。

六　物質的条件の均等化。

一一月八日、この案はクルイレンコによって、前線と後方部隊の代表者会議で説明され、同日付の政府機関紙にも発表された。

陸海軍人民委員協議会は、一一月二三日、これらの案を「人民委員会議の承認を求めて提出される陸海軍人民委員宣言案」として発表し、老年および二〇歳以下の兵士の復員を行なうことによって軍を縮小することをもつけ加えた。

軍隊の民主化は新政府の中央の軍事関係者が単独に計画案として進めていたものではない。この問題が徹底的に押し進められるなら、当然、軍隊内の権力を誰がとるのか、という問題に行きつかざるをえないものであったし、事実、ペトログラードにおける権力奪取後、軍隊内における革命派兵士による権力の掌握はこのような過程を経て行なわれていたのである。一一月中旬には、各部隊、方面軍が個々ばらばらに行なうのではなく、総合的な見地に立つ政府の法的な規準が必要とされるにいたっていたのであって、当初はまさに「下から」行なわれてきたのである。

「十月」以後の軍隊における民主化の過程は、第二回ソヴィエト大会で成立した人民委員会議の承認問題、そこで採択された諸布告——特に平和、つまり休戦、復員——承認問題と密接に結びついている。前線部隊のうちで首都に最も近い北部方面軍（第一、第五、第一二軍によって構成）の場合には次のような過程をたどっている。

ボリシェヴィキ、左翼エスエルを中心とする左翼ブロックとメンシェヴィキ、右翼エスエルを中心とする右翼ブロックの対立が最も激しかったのは、第一二軍であった。一〇月二八日—三一日に開かれた第一二軍兵士代表者大会は、多くの問題で右翼ブロックの決議案を採択しながらも、決定的な権力問題で新政府支持決議案を二四八対二四三で採択するという非常に流動的な状況を、ペトログラードにおけるソヴィエト政権の成立という事態を前にして、示していた。この決議は、講和交渉の即時開始、秘密条約の公表などと同時に軍隊における死刑の廃止、軍隊の完全な民主化と反革命指揮官の追放を主張するものでもあった。大会は左右両ブロックより同数の代表各二二名によって構成される執行委員会を選出したが、これはただちに分裂した。一一月七日には、第一二軍司令部の所在地で、右翼ブロックが拠るヴァルカが、革命派によって戦闘を交えることなく占領された。こうして、一一月一四日—一五日に開かれた緊急第一二軍大会は四〇五対一四三でソヴィエト政府と諸布告を支持し、ボリシェヴィキのエス・エム・ナヒムソンを議長とする新執行委員会を選出した。

北部方面軍の中央に位置する第一軍は一〇月三〇日—一一月五日に当面の情勢を検討するため第二回大会を開いた。出席者二五八名中、ボリシェヴィキ一三四、左翼エスエル一一二、約二〇名がメンシェヴィキ＝インタナショナリストであった。大会はソヴィエト権力、即時休戦、土地問題などでは一致しつつも、ボリシェヴィキの新権力即時武力支援論に対して、左翼エスエルの情勢待ち論が対立した。結局、決議は両者の妥協的産物となった。反革命の報告をうけた場合には軍の半分をペトログラードに派遣すること、権力問題については第二回ソヴィエト大会の代議員数に応じて参加する「同質の社会主義政府」を支持するという中間的立場が、反対二五、棄権三〇で採択された。票数からもあきらかなように、ボリシェヴィキ自身の態度もあいまいであった。権力の問題は、この後一一月一四日からはじまった第三回大会でようやく結着がついた。執行委員会の議長にはボリシェヴィキのアー・ヴォイトフが選ばれた。

ボリシェヴィキが最も強かった第五軍では、すでに一〇月二五日に、軍委員会（議長エー・エム・スクリャンスキー）の執行委員会によって革命支持決議が行なわれ、二六日には軍事革命委員会が組織されていた。

第五軍にとって忘れることのできないのは、ドイツ軍との休戦交渉の舞台となったことである。

一一月一一日に前線巡回とドイツとの休戦交渉開始のためにペトログラードを出発した最高総司令官クルイレンコ（前最高総司令官ドゥホーニンがドイツとの講和交渉開始を拒否したため罷免された後、任命された）は一二日の朝、第五軍司令部のあるドヴィンスクに到着した。一三日、クルイレンコは三名の軍使をドイツ軍に派遣し、ドイツ軍最高司令部が講和交渉を開始するため、全戦線において休戦交渉を即時開始するための全権団を派遣することに同意するか否かを問うた。軍使は一四日、ドヴィンスクに帰り、ドイツ軍の同意を伝えた。交渉は一一月一九日（西暦一二月二日）、ブレスト＝リトフスクで行なわれることになった。それとともに、一三日、クルイレンコは「命令第二号」を出し、反革命的司令官の追放に乗り出したことを知らせている。すなわち、(一) 命令不履行により北部方面軍総司令官チェレミーソフ将軍を罷免し、新総司令官の任命まで北部方面軍コミサールのポゼルンの管理下に従来の職務を遂行させる、(二) 臨時政府が任命した北部方面軍コミサールのシュービンを地位明け渡し拒否で逮捕する、(三) 命令不履行で第五軍司令官ボルドゥイレフ将軍を罷免し、代わってアンチポフ将軍を任命する、(四) 前最高総司令官ドゥホーニンを人民の敵と宣言し、彼を支持するものはすべて逮捕する。

このような上層司令官たちの更迭は、なによりも、さきにみたような軍隊下部の兵士の支持にささえられていたことは言うまでもない。この段階で、新政府に反対する司令官たちは――特に休戦交渉拒否などをめぐって――罷免され、それが軍団、師団レヴェルから最下級にまでおよんでいる。一一月一七日、第五軍の軍事革命委員会は、人民委員会議によって全軍隊の民主化に関する布告が出されるまでの間、第五軍のすべての委員会とコミサールが、指揮官の経済・作戦面での行動を、彼らと接触を保ちつつ統制するよう求めた。それが不可能な場合には各委員会は指揮官を即時罷免し、選挙による指揮官と交替させせねばならないとされた。第五軍指導部のこれらの方針は、一一月一八日―二〇日にドヴィンスクで開かれた第五軍臨時大会で完全に支持されている。大会は休戦に関する方針、権力の組織と反革命に対する今後の闘争方針を検討し、人民委員会議の方針を三六四対七五で支持した。

革命後の北部方面軍に属する各軍の動きから、すでに一一月なかばには方面軍内の左翼ブロックの勝利は確定していた。このような方面軍に付属する各軍の中の闘争の成果の上にたち、ドイツ軍との間で全戦線にわたる休戦協定が結ばれようとしていた（軍協定は一二月二日に締結された）。一一月二七日―一二月二日にプスコーフで開かれた第一回北部方面大会には、ボリシェヴィキ三〇七、左翼エスエル一二七、無党派一一八の代表が出席した。議題は当面の任務、選挙制にもとづく軍の再編、復員、憲法制定会議議員の召還、方面軍の組織などであり、平和のための闘争を最後まで貫徹するため、方面軍を完全に維持するということを決議した。大会は四六名よりなる方面軍委員会を選出したが、その中にはボリシェヴィキ二六、左翼エスエル一一が含まれている。この大会では、軍隊民主化に関する二つの文書が採択されている。「選挙制にもとづく軍隊改組の原則」と「幹部選挙実施のための訓令」である。前者は全一六項目よりなっているが、陸海軍人民委員協議会によって作成された案と基本的な差違はない。ただ第三項で、選ばれた全幹部は一つ上級の委員会の承認をうけることを規定している点が注目される。この「原則」は最後に人民委員会議が一九一八年一月一日までに軍隊改組計画を布告をもって実施するよう提案した。

このことは西部方面軍においても同じである。一一月二〇日―二五日にミンスクで開かれた第二回方面軍大会（党派構成はボリシェヴィキ四三七、左翼エスエル七四、メンシェヴィキと右翼エスエル四六、無党派一〇三）

も軍隊民主化に関する同様の決議を絶対多数で採択し、方面軍総司令官にボリシェヴィキのエフ・ミャスニコーフを選出している。

同じような軍隊民主化の原則はペトログラード、モスクワ、カザンをはじめ多くの軍管区で実行に移されはじめていた。

以上の経過からわかるように、「軍隊民主化」と呼ばれるものは、軍隊の中の旧い将校団の解体と各種の兵士抑圧機構の廃止であり、その完成は軍隊が革命的な兵士に掌握されることを意味するのであって、すくなくともこの時点で、旧軍隊の即時廃絶が考えられているわけではない。休戦交渉が開始されているとはいえ、前線においてドイツ軍と向きあっている方面軍において民主化された軍隊の戦闘力の保持にも目がむけられているのは当然のことであろう。したがって民主化がただちに軍隊解体の手段となると考えられていたわけではない。この点について、ボリシェヴィキ軍隊組織の機関紙『兵士プラウダ』は、一一月三〇日、次のような記事を掲載している。

「できうる限りすみやかに、前線と後方において完全な軍隊の民主化を行なう必要がある。つまり、軍隊を人民的なものにし、すべての軍隊の自治が行なわれるような機構を作る必要がある」。そのためには、(一)下から上までの兵士組織―委員会の改選、(二)兵士が自己の指揮官を選挙することが必要である。「兵士たちによって選ばれた将校あるいは兵士のみが、自分たちの同志たちを、軍隊と国そのものにとっての危険な企てにふみださせないようにしうるのだ。幹部の選挙制は前線にある軍隊を講和の締結まで維持する助けとなることであろう」。

一一月三〇日には大本営の軍事革命委員会が軍隊民主化規程を決定し、全軍に打電した。一二月一五日、人民委員会議はそれまでの経験のうえに軍隊民主化に関する二つの布告を採択した。一六日付のこれらの布告は軍隊民主化の原則を最終的に確立したものであった。その第一は「すべての軍勤務者の権利の平等に関する布告」で、軍隊の一切の階級、称号を廃止した。この布告は「ロシア共和国軍隊はこののち革命軍兵士の名誉称号をもつ、自由で、互いに対等な市民よりなる」と宣言している。第二は、「軍隊における選挙制の原則と権力の組織に関する布告」で、軍隊は人民委員会議に属し、各部隊の権力は当該の兵士委員会またはソヴィエトに属するものとされ、指揮官の選挙制を定めた。連隊長以上の司令官は一つ上級の委員会の承認が必要であった。

このような軍隊民主化は一二月末までにほぼ全部隊で完了したといわれる。北部方面軍の作戦指揮はコミサールのポゼルンを中心とする協議会、西部方面軍総司令官はミャスニコーフ、西南方面軍総司令官はキクヴィゼがそれぞれ選ばれ、ルーマニア方面軍、カフカース方面軍は協議機関がそれにあたった。またたとえば第三軍、第七軍はボリシェヴィキないしそのシンパ、第四軍、第六軍は左翼エスエルがそれぞれ司令官に選ばれている。ところで、この軍隊の民主化は何をもたらせたか。それは後に述べる。この過程と並行して、復員も開始されている。

三

すでに陸海軍人民委員協議会のアピールその他でみたとおり、軍隊の関係者の中では、軍隊民主化と新軍隊建設の問題は並行して論じられていた。そしてその原則はあくまでも「常備軍を全人民の武装」にとり換えることであったが、しかし、旧軍隊は解体されなければならないとしても――そしてそれは「軍隊民主化」の中で一定程度はたされてきているのであるが――、その中の革命的兵士集団をいかなる形で再組織するのか、という問題は未解決であった。ドイツとの講和交渉が開始されているとはいえ、再組織は前線の戦闘力をおとすことなく行なわれなければならなかった。新軍隊の建設過程をみる時、帝国主義世界による包囲、特にドイツ軍の脅威をぬきにして考えることはできない。したがって「全人民の武装」も旧軍隊の動向に大きく左右されざるをえなかった。この問題が議論の中心になるのは各軍隊内で革命派権力の確立がさだまり一応の安定がえられた一一月末から一二月になってからであった。

まず軍事人民委員協議会は参謀本部の軍事専門家たちに対して、民主化された軍隊の一部を新しい軍隊の要員とするために保持することの当否をたずねた。参謀本部はまもなく一つのプランを提出している。旧軍隊の一部を国境警備にあて、他の一部を将来の民兵軍の要員とするというものである。このプランは一二月八日、軍事人民委員協議会と参謀本部の代表を交えた最初の合同会議で検討された。旧軍隊の一部を国境警備にあてるという案は反対に出会わなかったが、第二案は拒否された。将来の民兵軍のためには、必要とされる軍事訓練を経ており、居住地域住民と共通の利害によって堅くつながっている地域の住民の中から、その地域で、新しい組織の核を形成するものとされた。

問題の重要さを考慮して、軍事人民委員協議会は、一二月一四日、「軍隊復員に関する全軍大会」に出席するため、ペトログラードに集まった前線からの代表を交えて合同会議を開き、この問題を再度検討した。結論はほぼ前回と同一のところに落ちついたようであるが、この会議で参謀本部の混合案を全面的に否定し、旧軍隊の使用を一切認めないという見解が軍事人民委員協議会の一員であるエム・エス・ケードロフによってはじめて提案された。彼の案は、工業地帯の労働者のみからなる「社会主義親衛隊」を設立するというものである。この案をめぐっていかなる討論がなされたかは不明である。この案は、すでにみたように、ペトログラード赤衛隊司令部を中心として構想されていた「赤衛隊の一般義務制に関する規程」とほぼ共通の立場に立っている。しかしこの立場の弱点は、ペトログラード市を対象とした場合と異なって、ドイツ軍と対峙関係にある長大な国境線をいかに維持するかという問題、さらに広大な農村地帯をかかえたロシアで、農民をぬきにして革命をいかに進展させ、あるいは防衛するかという問題にただちに答ええなかったという点にあったものと思われる。

一二月一六日、最高総司令官クルイレンコは「復員期における軍機構の過渡的形態について」という報告を人民委員会議で行なった。人民委員会議の議事録には「意見の交換のみが行なわれた」と記されているにすぎないが、協議会に対して何らかの指示が与えられたことは明らかである。その内容は一七日に開かれた三回目の協議会、参謀本部、前線代表の合同会議によって推測できる。民兵軍が建設されるまでの期間、旧軍隊の復員を完了させるための任務につく部隊をいかにして建設するか、がこの日の中心議題であったのである。この会議は、志願制による部隊の建設、その数が充分でない場合にのみ、不足分を軍務年齢に達したなるべく若い青年の徴兵によって補充する、という決定を行なっている。

この決定は、すでにみた二回の合同会議の討論とは異なった結論を出している。このことは、同じ一七日の午後、ペトログラードで開かれた大衆集会でクルイレンコが行なった演説の内容をみれば一層あきらかとなる。陸海軍人民委員の名において彼はこう語った。人民委員は「前線の再編の任務を異なった原則にもとづいて行なうことに決定した。後方における赤衛隊と同じように、前線においても、前線に自発的にとどまり、最後まで革命を防衛する覚悟をもち、試練に耐えることのできる革命家からなる人民親衛軍団が創設されねばならない」と。

軍事人民委員たちは、旧軍隊の一部を保存して国境警備にあてるというプランを、ここで最終的に否定したとみてよい。前線は、旧軍兵士を赤衛隊と同一の原則にしたがって編成した部隊によって、つまり、志願し、精選され、革命的規律と革命的意識をそなえた部隊によって維持されなければならないとされたのである。つまり旧軍隊の再編ではなく、旧来とは別の原則にたった、まさに全人民の武装への第一歩と評価されていた方式にむかって新軍隊を建設しようとしていたのである。

ではこの時点で旧軍隊利用の否定を明確にうち出させることになった原因は何か。

最大の原因は理論上の問題ではなく、旧軍隊の解体という事実にあった。そしてこれは革命を勝利に導いてきた休戦、軍隊民主化そのものが原因となっていた。当時ペトログラード軍管区総司令官の地位にいたエレメーエフは次のように書いている。階級と勲章の廃止はすでにある現実を固定したにすぎなかったが、指揮官の選挙制は大規模な動揺をまき起こした。「将校の権威は最終的に打ちくだかれた。下士官や曹長出の指揮官たちがあらわれた。指揮官に選ばれるためには、大衆とも、そして特に軍委員会ともうまくやっておかねばならず、このことをもとにして少なからぬデマゴギーとありとあらゆる〈さわぎ〉が起こった。党活動家には旧軍隊は死んでしまって、生きかえらすことはできないということは明らかであった」。

軍の民主化とともに、一二月二日、ドイツとの間に結ばれた全戦線にわたる休戦協定も、旧軍隊解体の引金となった。休戦の締結以後脱走者は激増したのである。「講和交渉に関するニュースは兵士たちを歓喜させた。しかし、このニュースから兵士たちは次のような結論を引き出したのである。すなわち、ひとたび講和交渉がはじまれば、何も前線に坐り込んでいることはあるまい、故郷に帰り、地主の土地の分配に加わらなければ……」と、ラビノヴィチは書いている。

このことは、前にみた北部と西部方面軍という重要な二大方面軍の戦列部隊の兵員数の変化の中に明白に読みとれる。すなわち、一〇月一日現在、両方面軍で六六万一一六三名を数えた兵士は、一二月一六日現在四八万四九七五名と二六％も減少をみせている。すでに復員が開始されているとはいえ、まだそれは全兵士のほんの一部分にすぎなかったことを考えるなら、脱走者がいかに大量であったかはおのずから明らかであろう。しかも、当時ドイツはブレスト＝リトフスクでソヴィエト側代表に侵略的意図をあらわに出した要求をつきつけていたのである。

このような状況のもとで、軍事人民委員部は旧軍の再編ではなく、志願制によって新しい軍事力を創設するための処置をただちにとらなければ、前線を講和の締結まで維持することはできない、という結論に達したのであった。このことは、一二月一五日よりはじまった「復員に関する全軍大会」（開会時の代議員二三四、内ボリシェヴィキ一一九、左翼エスエル四五）の代議員にレーニンがあてた一〇項目の質問よりなる前線におけるドイツ軍とロシア軍の状態に関するアンケートの回答によっても確認される。代議員たちの回答はほとんど一致して前線の軍隊が戦えないことを訴えていた。

一二月一九日、ペトログラード・ソヴィエトは旧軍隊は疲労困憊しているため新軍隊を建設せねばならないことを指摘し、新軍隊建設に関する若干の原則を定めた。「社会主義的軍隊は、下から上まで、選挙制の原則、同志的な相互の敬意と規律にもとづき建設されることであろう……」と。

以上のことから、旧軍隊を新軍隊の基礎とすることは不可能であること、新軍隊は旧軍隊解体の手段となった民主化の原則の上に建設されねばならないこと、が明らかである。民主化による選挙制指揮官と戦闘力の強化の問題は、旧軍隊の現状からみるならば、当面矛盾しているかのごとくであるが、民主的な原則に立たない限り新しい革命軍の建設は不可能であることもまた明らかであった。そしてこの原則は、新しい軍隊の核と称されている赤衛隊の中ではすでに実現されていたことなのである。

一二月二二日、大本営が最高総司令官クルイレンコにあてた電話は、ルーマニア方面軍における軍の解体状況が危機的であることを告げた。前線との間の輸送が麻痺しているため、食糧不足が深刻となり、兵士の大量逃亡が続出しているというものである。このような事態がたんにルーマニア方面軍に限られるものでないことは明らかであった。

この夜、この問題を検討するため、レーニンを交えた軍事人民委員の緊急会議がもたれた。会議は前線の部隊の脱走をくいとめるために、輸送を正常化し、前線に新鮮な部隊を注入して部隊の士気を高めることを決めた。このため、できるかぎり八—一〇日の間にペトログラードとモスクワ軍管区内の赤衛隊を出発させること、これらの軍管区内（特にモスクワ）で新赤衛隊の組織を即座に開始し、全部で一〇個軍団、三〇万人を組織することが決められた。新軍隊の建設を具体的に進めるための措置が急速に行なわれるようになった。

一二月二三日、新しい軍隊の建設方針を検討するためポドヴォイスキーのイニシアティヴのもとに、軍事人民委員部、ボリシェヴィキ前線・後方軍隊組織中央ビューロー、ペトログラード赤衛隊司令本部の代表を集めた合同会議がもたれ、一、「革命的社会主義親衛隊」の編成が必要なこと、二、その兵士の生活を保障すること、三、すみやかに社会主義軍建設プランを作成することを決めた。そして緊急処置として、一、五梯団（五〇〇〇人）の赤衛隊を一二月二七日までに前線に派遣すること、二、社会主義革命戦争に関する布告を出すこと、三、社会主義軍の建設とその技術的準備を行なうこと、四、赤衛隊の募集と動員を行なうことを決めている。この時点で前線を支えうるものは労働者の武装組織たる赤衛隊のみであると考えられていたことは明らかである。

この問題は、社会主義軍建設問題と当面の任務を議題とした一二月二六日のボリシェヴィキ軍隊組織の会議においても討論された。「理論問題」の報告にたったネフスキーの見解は、「社会主義革命の成果を外と内の両方から擁護するために、また、西ヨーロッパのプロレタリアートがわが社会主義革命の援助に到達しうるために、社会主義軍の建設を」呼びかけるものであった。そしてこの社会主義軍は「労働者のみならず、あらゆる勤労者」の参加によって建設されなければならないとされた。

「組織＝実務問題」の報告にたったポドヴォイスキーも「ドイツがわれわれに提案した恥ずべき講和条件をわれわれが拒否しうるためにも、またわれわれが別の講和を結ぶことがないことを西ヨーロッパに示し、西ヨーロッパのプロレタリアートが自国政府にわれわれの条件による講和を結ばせるためにも、われわれは前線と後方で強力でなければならない」のであり、したがって「前線から来た疲労した同志たちに新鮮な分子を注ぎ込み、軍隊を固め、破壊的傾向を帯びた分子を去らしめること、まさにこのためにこそわれわれが社会主義軍を必要とする理由がある」と語った。

あきらかに両者の報告の基調には、ドイツ帝国主義の脅威が強力に意識されている。社会主義軍の必要性も、まさに前線に対する外からの脅威が中心となっているが、これは「われわれは攻撃の準備はしていないが、恥辱的な条件による講和の締結の準備もしない」という決意と強く結びついているものである。ポドヴォイスキーはドイツ＝オーストリア軍が攻撃に移るであろう時期（一月半後）までに、「新軍隊のセメントと骨格となる社会主義軍三〇万を建設することができる」と計算している。

ポドヴォイスキーは会議にいくつかの質問を出しているが、その内重要なものに次のようなものがある。

一、ロシアの主張する条件による講和を締結させうる力をもつ社会主義親衛隊の建設は必要か。

二、前線であらゆる帝国主義に対抗しうる軍隊を、ペトログラード守備隊によって組織することは可能か。

三、守備隊の中に党細胞を組織し、活動することが必要か。

第一、第三の問題は採択されたが、第二の問題は賛成一六、棄権二八で否決されている。これは十月革命におけるペトログラード蜂起をになったペトログラード守備隊自体が、前線の部隊と同様に解体しつつあったことにもよるが、新軍隊はもっと広範な基盤の上に建設されねばならないと考えられたことにもよるのであろう。

二三日、二六日の両度の会議の討論である程度あきらかにされた新軍隊建設の方向は、すでに二三日にクルイレンコが前線に送付した「革命的人民親衛隊建設の呼びかけ」の中にも示されている。これは新軍隊建設の必要を軍隊の責任者が大衆的にうったえた最初の文書であった。

クルイレンコは、ドイツとの休戦の成立後、ドイツが出した講和条件は、他の帝国主義諸国のソヴィエト政権無視政策に助けられて、非常に侵略的であること、したがって「このような条件のもとでは、ロシアの労働者と農民の前に、革命のあらゆる成果を擁護し、すべての敵に対する聖戦の問題が立ちあらわれていること」を強調する。「同志諸君！　軍隊は疲れた。軍隊は疲労困憊してしまった。旧軍隊、以前の軍隊はこの任務を果たしえない。したがって武装人民による新軍隊が建設されねばならない。私はすべての人々に……労働者赤衛隊が萌芽形態であるとされるような軍隊への入隊を呼びかける。前線と後方のいたるところに、革命的人民社会主義親衛隊が建設されねばならない」。このような親衛隊には「自由と革命の真の熱烈な擁護者」のみが引き入れられねばならない。したがって、志願制、無強制が基礎となり、志願者は連隊、中隊の兵士委員会の推薦によって、個人で、あるいは中隊、大隊、連隊全体として入隊することができるとされた。呼びかけは「塹壕の同志諸君は援助と増援隊を得るだろう。その時、われわれにはブルジョワ軍のいかなる力も恐れるには足りなくなるのだ」という言葉で終わっている。

この「呼びかけ」を受けた前線の軍隊の中でも、新軍隊建設プランの作成がはじまっていた。一二月二三日には北部方面軍で「革命的赤軍編成に関する規程」が採択された。これは一月一五日に人民委員会議で採択された布告作成の基礎となったもので、

(一)　志願制を基礎にした赤衛隊連隊の建設にただちに着手すること。したがって各部隊で志願兵よりなる中隊、大隊を編成すること。

(二)　志願兵の俸給は月五〇ルーブリ。

(三)　志願兵は六ヵ月以上勤務しなければならないこと。

などが決められている。

一二月二九日には西部方面軍で「人民赤衛隊編成草案」が採択された。これは、従来の抽象的な原則論にとどまることなく、個々の問題をより具体的に論じている。前線における革命部隊の編成は「当該する部隊のソヴィエトと地域のソヴィエト（部隊の委員会は以後ソヴィエトと呼ぶ方がよい）」が当たり、後方では当該するソヴィエトが当たること、部隊の厳格な革命秩序は「同志的な影響力とソヴィエトの権威」さらに革命裁判所の活動によって維持されること、軍の指導指揮官や技術専門家は必要最小限まで認めること、などが定められているが、従来みられなかったものとして、軍事専門家に対する別立ての俸給を定めていることがある。すなわち、何ら専門技術職についていない志願兵は五〇ルーブリであるが、小隊軍事指導員、中隊副軍事指導員、旧看護長、それに連隊委員会委員など―七五ルーブリ、中隊軍事指導員、連隊委員会議長―一〇〇ルーブリ、大隊軍事指導員―一五〇ルーブリなど、最高三〇〇ルーブリまで定められている。

ところでこの新しい軍隊に対する兵士と軍の革命諸組織の反応はどうであったか。一九一八年一月五日―六日に開かれた北部方面軍に属する第一二軍の大会の中では明らかに二つの傾向がみられる。一つは旧軍隊維持の立場からの新軍隊建設に対する疑問であり、他は、人民親衛隊の建設は軍国主義を意味するものではないかという疑惑である。旧軍隊の中から人民親衛隊を分離することは軍に不和と反目をもち込むのではないかという危惧であった。人民親衛隊への参加に署名したものは後方へ送られるが、その他は前線に残される、といううわさも広がっていた、といわれる。また最も革命的なレット人部隊の指導者は、革命の防衛は全体の仕事であり、それを志願者のみで行なうのはおかしいと主張している。しかし、同時に彼は、レット人部隊は全員が新軍隊に入る用意があるとも宣言した。

しかしこれらの意見は旧軍隊の急速な解体を前にして、道は一つしかないことを認めざるをえなかったのである。

一方、ペトログラード赤衛隊司令部は、革命的社会主義軍の建設に関して、「赤衛隊はそのための基礎である」と決議している。

新軍隊建設に関する議論は、軍の上級下級の機関や赤衛隊のみならず、各地方ソヴィエトでも展開されたが、これらを集約するものとして、一二月二八日に開かれた「復員に関する全軍大会」は、ボリシェヴィキの提出した「社会主義軍の組織に関する規程」を一五三対四〇対一三で採択した。志願制による新軍隊の建設を決めたこの決議は、一九一八年一月一五日に人民委員会議で採択された布告とほぼ等しい。「規程」は志願者にソヴィエト政権と共通の基盤に立つ諸組織の推薦を要求した。部隊を後方で組織する場合には志願制をただちにとり入れるが、前線においては、復員の程度に合わせて徐々に部隊を入れ替えていくものとされた。新社会主義軍の最高指導機関は人民委員会議であった。この「規程」の中で大きな比重を占めているのは志願兵とその家族に対する物質的保障の問題であった。

すでに一九一八年一月一日、ベラルーシの反革命に向かうため、ペトログラードで組織された赤衛隊は、社会主義親衛隊第一部隊と呼ばれ、レーニンの出席のもとにその盛大な歓送会がもよおされた。

前線と後方で社会主義軍編成のためのエネルギッシュな活動が開始された。一九一八年一月三日には、全ロシア中央執行委員会で「勤労者と被搾取人民の権利の宣言」が採択され、二一項で「勤労大衆に全一の権力を保障し、搾取者の権力が復活するあらゆる可能性をとりのぞくために、勤労者の武装、労働者と農民の社会主義的赤軍の編成、および有産階級の完全な武装解除を布告する」と宣言された。レーニンの手になるこの布告は、従来、さまざまな名をつけて呼ばれていた新軍隊を、はじめて労働者と農民の赤軍と名づけた。以後、この軍隊は労働者＝農民赤軍と呼ばれることになる。

この「宣言」の発表後、労農赤軍創設の布告案と、軍隊建設のためのオルガナイザー、アジテーター用の手びきの作成が緊急の課題となった。その任務は、復員のための全軍大会で選ばれたアジテーター協議会の手に委ねられた。協議会は「労働者＝農民赤軍の組織に関するオルガナイザー・アジテーターのための手びき」を作成したが、これは北部方面軍で作成された赤軍編成のための規程とほぼ似ている。この「手びき」は、一九一八年二月に新しい「手びき」が出るまで、実際に利用されたものである。基本的な条項の要点は次のとおり。

「一、常備軍はブルジョワジーの階級的威力のための物質的な道具であり、むちというただ一つの死せる鎖でつながれた人々を、暴力的に隷属させるという原則に立って建設されていた。

人民委員政府は、以前の常備軍に代わって、ソヴィエト権力――人民の全権力――を唯一完全に保障する社会主義的、政治的社会機構を防御する人民総武装を置く。

しかしながら、西ヨーロッパ諸国におけるブルジョワジーの支配といまだに戦争が終結させられていないという事態は、ロシア革命によって宣言された民主的講和の原則を、武装せる手によって、いかなる瞬間においても擁護する準備をととのえざるをえなくしている。」

したがって、労農赤軍は「革命の成果を擁護し、民主的講和と社会主義の勝利をめざして闘うためにその隊列に入ることを欲する、イ、出征軍兵士、ロ、予備部隊、ハ、すべての志願兵」によって建設される。

赤色人民軍は徹頭徹尾志願制で、民族をとわず、二〇歳以上の全市民に開かれている。

二、入隊条件と待遇。

志願すること以外に、「個人で入る場合には一般の民主的諸組織、あるいは、少なくともこれらの組織の二人のメンバーによる推薦が必要であり、部隊全体が入隊する場合には全員の連帯保証と記名投票が要求される」

各志願兵は、イ、六カ月以上勤めること、ロ、革命的規律に従い、選挙による機関と指揮官に従うこと。

兵士は月二五ルーブリを受け、無料で新聞パンフレットを受けとる。

三、兵士の家族は、暖房・照明つきの部屋、衣料などの現物を支給される。農村では経営に必要な物資の支給をうける。

四、兵士の家族は無料で医療援助をうける。

五、兵士が死亡あるいは災難にあった家族は国家の特別な保険が保障される。

六―一四項はアジテーターの実際の活動方法を述べたものである。

一方、労農赤軍創設の布告案は、一四、一五の二日にわたって、第三回ソヴィエト大会に出席のためにペトログラードにきた前線代表によって討論された。一五日、布告案はレーニンによる修正を受けた後、人民委員会議によって採択された（本書五九ページ）。人民委員会議は同時に、労農赤軍の組織と管理に関する全ロシア協議会の設立を認めた。

*　*　*

こうして、当初常備軍の廃絶と全人民の武装をめざして出発した新しい権力は、「軍隊民主化」、「休戦協定の締結」をはじめとする十月革命のスローガンの実現によって導き出された、旧軍隊の急激な、そして当然の、解体と、帝国主義諸国、特にドイツ帝国主義の脅威を前に、とりあえず前線を確保しうる部隊を創設する必要に迫られた。こうして、ソヴィエト政府は志願制による軍隊の建設にふみきり、「全人民の武装」は、ひとまず「近い将来」にのばさざるをえなかった。

赤衛隊はあらゆる戦線で常に先頭に立ったが、その絶対数はあまりにも少なかった（ペトログラード赤衛隊は、その最盛期でさえ四万人にすぎず、首都を離れうる人数はさらに少なかった）。しかし、赤衛隊のよって立つ原則そのものは、新軍隊建設の基盤として大きくとり入れられていることは、すでに見たとおりである。新軍隊は赤衛隊の原則と「軍隊民主化」の原則の延長上に建設されざるをえなかった。一月一五日の布告と「手びき」はそのことを明瞭に示している。

しかし、解体しつつあるとはいえ、莫大な人員を数える前線から、赤軍に志願する兵士は微々たるものであった。一月一五日現在、西部方面軍における志願者は、七五〇〇名にすぎない。大転期はブレスト講和の決裂とドイツ軍の侵入によってもたらされた。各地で志願者が急増した。三月三日のブレスト講和締結後、軍事人民委員部は軍隊強化のため、赤軍に新たな原則を導入した。指揮官選挙制は任命制に切りかえられた。軍事専門家が任用され、軍隊の正規軍化がはかられる。共産党第八回大会以後の論争は、このような初期の赤軍建設の経験をもとにして繰り広げられたのである。

（日付は一九一八年一月末まで旧暦）

参考文献

和田春樹「十月革命」『岩波講座　世界歴史』24　岩波書店　一九七〇
藤本和貴夫「ロシア十月革命における労働者の武装」『現代史研究』25　一九七一
『国内戦—赤軍史史料—』1　モスクワ　一九二三
エス・エム・クリャツキン『十月の防禦——ソヴィエト共和国における正規軍の組織と民兵建設、一九一七—一九二〇』モスクワ　一九六五
イェ・エヌ・ゴロヂェツキー『ソヴィエト国家の生誕、一九一七—一九一八』モスクワ　一九六五
ア・エリ・フライマン『社会主義革命の前哨』モスクワ

編者付記

本書は、ロシア労農赤軍の生成過程を、主としてボリシェヴィキの公式資料にもとづいて、明らかにすることを目的としている。もちろん、赤軍の形成に関して、本書でそのすべてがカヴァーされるとは、われわれ自身も思ってはいない。第一に、初期赤軍における左翼エス・エルやアナーキストたちの役割は、完全に捨象されているし、第二に、公式の言語においては表現されることの少ない、生き生きとした具体的な過程を伝える資料もはぶかれている。こうした欠陥は、だが、現在のところ不可避なものとしてわれわれの前にある。本書を編むことを手掛りに、今後、より一層の模索を行なうことを約束しておきたい。

本書に収められた資料のうちH・ベルクマン「ロシア社会主義赤軍の創設」と、イヴァン・スミルガ「軍隊の建設」は、Die Russische Sozialische Rote Armee, Zürich, 1920、「労働者＝農民赤軍の組織に関する布告」は『ソヴィエト政府布告集』（第一巻、モスクワ、一九五八年）、第八回、第九回、第一〇回大会の諸資料は、すべて各大会のプロトコールよりとられている。なお、トロツキーの「軍隊創設におけるわれわれの政策」および「民兵制度への移行に関するテーゼ」は、現代思潮社より刊行の第二期トロツキー選集第一〇巻（既刊）および第一一巻（近刊）に収録のものを借用した。同社の御厚意に感謝をしたい。なお、翻訳担当は以下の通りである。

「社会主義赤軍の創設」（大島春夫）、「労働者＝農民赤軍の組織に関する布告」（藤本和貴夫）、「ソコリニコフの報告」（山崎カヲル）、「ヴェ・スミルノフの副報告」（同）、「軍隊建設におけるわれわれの政策」（藤本）、

「軍隊の建設」（大島）、「『民兵制度への移行』に関する報告」（山崎）、「民兵制度への移行に関するテーゼ」（藤本）、「軍事問題に関する決議」（守屋貴嘉）、「労農赤軍の再組織化」（同）。

一九七二年二月二六日

編　者

†復刊ライブラリー

赤軍の形成

2017年9月30日　第1刷発行

著　者　レーニン、トロツキー、ベルクマン、スミルガ
ソコリニコフ、スミルノフ、フルンゼ、グーセフ

編訳者　革命軍事論研究会

発行所　株式会社風塵社《ふうじんしゃ》
〒113-0033　東京都文京区本郷3-22-10
TEL 03-3812-4645　FAX 03-3812-4680

印刷：吉原印刷株式会社／製本：鶴亀製本株式会社
装丁：閏月社

†復刊ライブラリー

『赤軍と白軍の狭間に』（トロツキー著、楠木俊訳）
2017年7月末刊行、本体2500円＋税　ISBN4-7763-0069-4
内戦末期、レーニン“最後の闘争”となるグルジア（現ジョージア）問題に直面したトロツキーの逡巡と確信。現在のコーカサス紛争に連なる歴史的文脈で、トロツキーは西側を激しく糾弾する。

『赤軍　草創から粛清まで』（ヴォレンベルク著、島谷逸夫・大木貞一訳）
2017年8月末刊行、本体2500円＋税　ISBN4-7763-0070-0
帝政ドイツの突撃隊隊長として第一次大戦を戦い、戦後はドイツ人共産主義者としてソ連軍に入り教官になった著者が、ロシア内戦から、ソ連･ポーランド戦争、赤軍大粛清までを語りつくす。スターリンの影はどのように赤軍を変質させたか？

『赤軍の形成』（レーニン、トロツキー、フルンゼほか著、革命軍事論研究会訳）
2017年9月末刊行　ISBN4-7763-0071-7
赤軍はいかに形成されたのか。1917年から21年におけるロシア革命の動態の中で、党大会を基軸とする建軍への苦闘や論争を追跡した。いかにして労農赤軍を再組織化するか。レーニン、トロツキー、フルンゼらの論考を紹介。

『マフノ叛乱軍史』（アルシーノフ著、奥野路介訳）
2017年11月末刊行予定
赤軍、白軍、民族派軍相撃つウクライナの人民深奥部に根を下ろし、ロシア革命の帰趨を凝視しつつ《呪縛の革命期》を疾走し去った幻の人民軍の幕僚の残した血書。リアルタイムでは大杉栄も注目したマフノヴィチナの全貌が明らかに！

『クロンシュタット叛乱』（イダ・メット、トロツキー著、湯浅赳男訳）
2017年12月末刊行予定
内戦勝利後のボリシェヴィキ第10回党大会中の1921年、かつて革命の原動力となったクロンシュタットの水兵たちの不満が高まり蜂起へといたる。戦時共産主義を廃止し「革命の革命」を求める彼らを、トロツキーは鉄の箒で一掃した。

『ブハーリン裁判』（ソ連邦司法人民委員部編、鈴木英夫訳）
2018年1月末刊行予定
革命はいかに扼殺されたのか。スターリンによる見世物裁判で「ドイツ、日本、ポーランドの手先」として、党内有数の理論家と目されていたブハーリンは1938年銃殺刑に処せられる。スターリンの絶対支配が確立し、革命は終焉した。

（各巻、四六判並製、200～240P程度、本体予価2500～2800円程度）